伝説の「サロン」はいかにして生まれたのか

――コミュニティという「文化装置」

増淵敏之

まえがき

創造性を誘発する「文化装置」とは

本書では、特定の場所に集うクリエイターの物語を解き明かしていきたい。それは、文化装置としての「点」、創造都市論でいうところの「創造の場」の形成過程の確認でもある。

ここでいう「文化装置」とは、たとえば、映画館、劇場、喫茶店、バーなど、情報、知識の交換ができる場所を指す。文化装置という言葉は、もともとは社会学者のライト・ミルズが使用し、文化研究の領域で使用されるようになった概念である。

簡単にいうと、社会の仕組みや宗教、芸術、科学、マスメディアなど、人間の感受性に影響を与えるものを文化装置と名づけ、その文化装置を通して、人間は直面する同じ世界を、それぞれがまったく異なるように解釈するという考え方だ。この考え方は、次第に人々の行動や経験にまで拡張して使われるようになった。

本書では、その「文化装置」の中でも、場所性を念頭に置きながら、「協創」という概念に注目していきたい。ただ人が同じ場所にいるというだけでなく、場所があることで相互に刺激し合い、向上するというクリエイティブな機能だ。

おそらくクリエイターが何かを創造している時間の大半は、ジャンルにもよるだろうが、孤独な時間のはずだ。あるいは歴史的に見ても、クリエイターたちは特定の場所に集まることを好んできたようにみえる。

筆者は大学教員になるまで、メディアやコンテンツ業界に30年ほどいたので、周囲にクリエイターが多かった。ゆえに、極めて感覚的にではあるが、そうした志向性は理解できる。

創作には集中力が必要だ。そのため、息抜きも不可欠であろうし、ひと仕事が終わったあとには、巷《ちまた》で憂《う》さを晴らしたくもなるであろう。その際に、集える場所が大事になってくる。場に集う人たちがクリエイターであれば、そこが直接的に議論を交わす場になるだろう。彼らは次の作品や企画の議論を必要とする。

そうした場所に集まるのは、クリエイターだけとは限らない。一般の人々が混在する場合もあれば、ヨーロッパのサロンに見られるように、パトロン的な投資家、庇護者などの立場の者もいるに違いない。

喫茶店やカフェでは貸し切りでもない限り、一般客もその場にいる。都市の中には様々な文化装置が埋め込まれていて、それは営業されている店とも限らない。ときには誰かの自宅なども文化的な場所になる。

「文化サロン」の起源

ヨーロッパで生まれた文学サロンが、本書の議論の前提になるだろう。文学サロンとは、貴族やブルジョワの夫人が定期的に客間を開放し、同好の士を集め、文学や芸術に関して自由に歓談する、社交界の風習として生まれた場所だ。

この流れはルネッサンス期に始まり、その後フランスで開花した。17世紀のランブイエ夫人がよく知られている。彼女はパリの自邸に様々な人を集め、歓談、文学論議、遊戯《ゆうぎ》などを楽しむ社交場とした。

好んで集《つど》ったパリの名士たちの中には、貴族もいたため、一定の品格が醸《かも》し出されたという。そこは文人たちにとっては、文体や作品の向上のために活用する場となった。このランブイエ夫人が開いた社交場は、「青い部屋」と呼ばれ、フランスで流行したサロンの先駆的な事例として評価されている。

これ以降も、フランスをはじめとしたヨーロッパの著名なサロンでは、多くの詩人たちが自らの作品を読み、そこでの評判が作品の成功、不成功に結びついたとされている。フランスでは18世紀に入ると、３００軒ほどのカフェが生まれ、フランス革命前には７００軒ほどになっていたという。

ルソーやディドロなどの思想家、あるいは革命家や政治家もカフェに集まり、議論を行ったり、密議、謀議をも行ったりした。カフェはフランス人の生活に根づき、ベルレーヌ、ランボーなどの詩人、ピカソなどの画家をはじめとして、数多くの文化人、芸術家が出入りしている。

17世紀半ばから18世紀にかけてイギリスで隆盛を誇ったコーヒーハウスも、サロンとして機能した。ここでは客同士が交流し、雑談や政治談議などに時間を費やしていた。その中には、社会的な影響力を持つ客も混じっていたため、集客という経済的な行為にも結びついた。

ここからイギリスのジャーナリズムが萌芽していったという説もある。ただし、イギリス人の間でコーヒーから紅茶に嗜好《しこう》の変化があったり、歓談の場としての人気がパブに移行したりしたため、コーヒーハウスはやがて衰退の道をたどることになる。

日本では、中村真一郎《なかむらしんいちろう》が『木村蒹葭堂《きむらけんかどう》のサロン』で紹介した、江戸時代中期の大坂の文人、木村蒹葭堂が代表的なサロン・オーナーであろう。彼は酒造業、文具商を営むかたわら、自らも絵画、詩文、篆刻《てんこく》などを学び、その多趣味を活《い》かして、書画典籍や地図標本などを収集した。

木村は幕府には睨《にら》まれつつも、画家、文人、学者、大名、外国人などが交流を求め、彼の自邸はサロンとして開放されていた。彼を訪問した来訪者名簿「蒹葭堂日記」は、当時の文人たちの交流を知る貴重な資料になっている。

揖斐高《いびたかし》『江戸の文人サロン』によれば、江戸時代のサロンは「現実社会に満ちあふれる卑俗さを排除しつつ、自らの生活を尚古的な心情と風雅の理念によって美化し、芸術化すること、それが江戸文人たちの庶幾するところであった。江戸の文人サロンとは、まず基本的にはそのような知識人たちの思いを具現化する場として存在するようになったと考えてよい」とされる。

江戸時代の庶民にとっては、式亭三馬《しきていさんば》の滑稽本《こっけいぼん》『浮世風呂』『浮世床』に見られるように、江戸下町の風呂屋や床屋が社交場だった。これらには当時の生活が生き生きと描かれていて、落語の演目にもなっている。

しかし、こうした場所はあくまで庶民の時間潰しとして活用されていたようで、蒹葭堂のサロンとは性格を異にしている。蒹葭堂には文化人、知識人が集まったが、風呂屋や床屋は一般客が集まったに過ぎない。

林 哲夫《はやしてつお》『喫茶店の時代』は、都市文化の形成という視点から日本の喫茶店の歴史を記述したもので、明治時代に生まれた知的議論空間としての文壇カフェから始めている。

まずは、1911年に松山省三《まつやましょうぞう》が銀座に開業させた「カフェ・プランタン」だ。これは彼がパリのカフェのように、画家たちと芸術談議ができるような場所を作りたいと、当初は会費50銭で維持会員を募り、画家の黒田清輝《くろだせいき》、岸田劉生《きしだりゅうせい》、作家の森鷗外《もりおうがい》、永井荷風《ながいかふう》、谷《たに》崎潤一郎《ざきじゅんいちろう》といった文化人が名を連ねていた。荷風の『断腸亭日乗』にも、この店はしばしば登場している。

同年には、やはり銀座に「カフェ・パウリスタ」「カフェ・ライオン」も開店している。前者は関東大震災後に廃業するが、1970年に復活して現在にいたっている。当時は芥《あくた》川龍之介《がわりゅうのすけ》、獅子文六《ししぶんろく》、平塚《ひらつか》らいてうなどが通い、慶應義塾大学の学生の姿も多かったという。後者は築地精養軒の経営で、喫茶というよりも食事やアルコールの提供が中心だった。のちに銀座の流行の一つになっていく、アルコールと女給のサービスが売り物のカフェーの先駆けといっていいだろう。

また、現在でも営業を続ける渋谷の「名曲喫茶ライオン」は、クラシック音楽喫茶の草分けだ。コーヒーを飲みながら、クラシック音楽のレコード演奏を楽しむ喫茶店である。この音楽喫茶の常連客には、英文学者の小田島雄志《おだしまゆうし》、劇作家の別役実《べつやくみのる》などがいた。

『喫茶店の時代』ではそこから、クラシック喫茶、ジャズ喫茶が生まれていく過程について、詳細な紹介をしている。都市の成長とともに、文化装置が育まれ、人と人のネットワークが構築されることへとつながっていく。

文豪が集住する「文士村」の形成

同様の現象は、作家や画家の集住という違った局面でも生じていく。作家では、芥川龍之介や室生犀星《むろうさいせい》などが集まった「田端文士村」、尾崎士郎《おざきしろう》や宇野千代《うのちよ》などが集まった「馬込文士村」、横光利一《よこみつりいち》や井伏鱒二《いぶせますじ》などが集まった「阿佐ヶ谷文士村」、白樺《しらかば》派の作家が集まった「鎌倉文士村」などが挙げられよう。

大正から昭和初期には、こうした小説家たちの集住傾向が強かった。竹久夢二《たけひさゆめじ》や谷崎潤一郎らが住んだ「本郷菊富士ホテル」も同じ流れの中にあるし、「文士村」とは称されないが、東京の落合や、千葉の我孫子などにも作家や画家が集まるという現象が起きている。

田端文士村でいえば、作家に先行して定住していた画家たちで作った、創作版画と評論の同人誌『方寸』や、室生犀星の弟子筋の作家たちが作った『驢馬』などの同人誌も、このような集住のメカニズムによって支えられ、生まれたといって過言ではない。

文士村に関しては、近藤富枝《こんどうとみえ》が『本郷菊富士ホテル』『田端文士村』『馬込文学地図』と一連の書籍を刊行しており、代表的な研究といえる。

そこでは、1923年（大正12年）の関東大震災の影響で、作家たちが壊滅した都心部から郊外に移転する必要があったことが述べられている。震災前から芥川龍之介は転居していたが、田端は高台に位置していて、震災の影響も軽微だったために、多くの作家が集まるようになり、文学談議に興じたという。馬込では尾崎士郎を中心に、震災後に作家の集住が始まり、文士村が形成され、酒、麻雀、ダンスなどにも興じたらしい。

鎌倉には、里見弴《さとみとん》、久米正雄《くめまさお》が同じく震災を機に、1924年、1925年に相次いで移住してきた。この2人が、白樺派を中心とする「鎌倉文士」を牽引《けんいん》することになり、その後に移住してきた作家たちのまとめ役を担った。昭和8年に設立した「鎌倉ペンクラブ」も彼らが中心で、永井龍男《ながいたつお》、大佛次郎《おさらぎじろう》、川端康成《かわばたやすなり》、横山隆一《よこやまりゅういち》、小林秀雄《こばやしひでお》、島木健作《しまきけんさく》ら42人の作家、文化人が参加した。第二次世界大戦後には、鎌倉文士たちは貸本屋「鎌倉文庫」を興している。

「文学」という共通意識を持った人々が集住することによって、さらにアイデンティティの共有が容易となったといえるだろう。たとえば、田端に行ってみればわかると思うが、彼らが集住していたのは半径500メートル程度の範囲で、いつでも会える距離だ。それぞれの家が、情報交換や議論の場所としての中心になっていた。

画家の集住としては、貸し住居つきアトリエが多くあった「池袋モンパルナス」が、文士村に近いだろう。大正末期から戦後にかけて、西池袋界隈にはいくつものアトリエ村が存在し、そこには画家のみならず、音楽家、作家も集住した。界隈から芸術活動が勃興し、熱い議論がそこここでなされたといわれている。

画家としては、松本竣介《まつもとしゅんすけ》、靉光《あいみつ》、丸木位里《まるきいり》、寺田政明《てらだまさあき》、長谷川利行《はせかわとしゆき》、麻生三郎《あそうさぶろう》、井上《いのうえ》長三郎《ちょうざぶろう》などである。こちらは宇佐美承《うさみしょう》の『池袋モンパルナス』に詳しい。

日本では、サロン的な現象と並行して、このような「集住」という現象が生じた。クリエイター間ではお互いに刺激し合うことが重要だ。創作意欲の根底には自己表現が存在するが、そこには同好の士からの意見も必要であり、クリエイター同士のライバル心も効果的に作用することもあるに違いない。つまり、集住することには、学習や研鑽《けんさん》の場が生まれるという面を含んでいた。

本書の内容について

本書は、戦後のいくつかのサロン的な場所を事例にして、クリエイターたちが特定の場所に集まる行動のメカニズムと要因を解き明かしていく。

漫画、映画、ポピュラーミュージック、デザイン、ファッション……。長い歴史を持つ日本のポップカルチャーではあるが、戦後に新たなステージに向かったのは間違いない。歴史にはいくつもの転換点があるが、第二次世界大戦後、日本が敗戦国となり、新たな民主主義国家になったときが、日本のポップカルチャーにおいても転換点といえるだろう。

以前、筆者は『路地裏が文化を生む!』という書籍を上梓《じょうし》した。当時、音楽産業の集積に関しての研究を行い、その発展形として「文化の生産装置としてのバックストリート」に注目していた。同書では、都市内部の文化装置を「点」と位置づけ、「面」としてのバックストリートや、それらが構築する界隈に注目しての議論を展開した。

本書では、「創造的な人材はなぜ、集うのか」というテーマで、戦後の文化史を振り返りながら、近年になって普及し始めている「コワーキングスペース」や「オンラインサロン」までを射程に入れて議論を進めていきたい。

つまり、本書は戦後からの特定の場所に集う人々の物語であり、その系譜の記述でもある。

まえがき

第一章　「サロンの磁力」と「人的ネットワーク」

第二章　「都市」が育む文化コミュニティ

喫茶店「風月堂」「青蛾」を生み出す新宿文化

第三章　現代の「サロン」のゆくえ

「コワーキングスペース」で協創は生まれるか

「オンラインサロン」は現代の文化サロンとなるか

※原則として、作家や漫画家などの人名はペンネームで記している。
※人名について、「石森章太郎」「竹宮恵子」という表記もあるが、
本書ではそれぞれ「石ノ森章太郎」「竹宮惠子」で統一する。

第一章

「サロンの磁力」と「人的ネットワーク」

伝説となった「トキワ荘」「大泉サロン」

トキワ荘に「寺田ヒロオ」あり

日本の漫画は、長い歴史を有している。一般的には平安時代末期に描かれた「鳥獣戯画《ちょうじゅうぎが》」が起源だといわれるが、現代の漫画とは大きく異なるので、あくまで写実的な絵画とは一線を画したエンターテインメント性を持った絵画に過ぎないともいえる。漫画として多くの人々に読まれるためには、印刷機などの複製技術の発達を待たなければならなかった。

江戸時代に大坂で人気を集めた「鳥羽絵本」と呼ばれた戯画本が、現代的な意味での漫画の始まりかもしれない。このムーブメントは江戸へと伝播《でんぱ》し、「北斎漫画」に代表される浮世絵をベースにした戯画、風刺画が多く生み出された。その中には現代にも通じるセンスが見受けられる。

幕末から明治にかけては、来日したチャールズ・ワーグマン、ジョルジュ・ビゴーなどによって持ち込まれた西洋風の風刺画＝ポンチ絵が一世を風靡《ふうび》し、やがて北澤楽天《きたざわらくてん》が『東京パック』を発行して、漫画をポンチ絵から独立させる。

その後、岡本一平《おかもといっぺい》が日本最初の漫画家団体である「東京漫画会」を設立し、漫画は大衆娯楽へと転換していく。１９２３年に刊行された織田小星《おだしょうせい》作、樺島勝一《かばしまかついち》画の『正チャンの冒険』あたりから、現在の漫画の要素であるコマ割り、フキダシなどの手法が定着し、近《こん》藤日出造《どうひでぞう》、横山隆一、杉浦幸雄《すぎうらゆきお》などの若手が活躍するようになった。

少年少女を意識した漫画は子どもたちに支持され、１９４０年代には『少年倶楽部』などの少年雑誌に連載された田河水泡《たがわすいほう》『のらくろ』、阪本牙城《さかもとがじょう》『タンクタンクロー』、島田啓《しまだけい》三《ぞう》『冒険ダン吉』などが人気を集めた。これらの作品は単行本化もされ、好評を得ていた。

戦後の漫画は、『黄金バット』に代表される紙芝居が人気となったところから復興していく。そこから人気紙芝居を漫画化した廉価な赤本（少年向けの講談本）の時代、続いて貸本漫画の時代にいたる。児童向け雑誌の発刊も相次いだが、初期のころは絵物語が中心だった。

この時期、戦前に一世を風靡した『少年倶楽部』の名編集長だった加藤謙一《かとうけんいち》が、学童社という出版社を独力で立ち上げ、1947年から『漫画少年』を刊行した。これも漫画だけの雑誌ではなく、小説、読み物も掲載されていた。

そうした歴史の延長線上に、戦後になって手塚治虫《てづかおさむ》が登場した。手塚は1947年に原作、構成者である酒井七馬《さかいしちま》と組み、『新寶島』を刊行すると、ベストセラーになる。これ以降、赤本や雑誌の読み切り、連載を経て、1950年から『漫画少年』に『ジャングル大帝』の連載を開始している。

また、創刊3号目から『漫画少年』に漫画の投稿コーナーが設けられ、入選した作品を掲載するようになると、手塚治虫が投稿作品を講評するようになる。これが漫画界への登竜門的存在となり、プロの漫画家を夢見るアマチュアが多く原稿を寄せるようになった。

その手塚が1953年、新築間もないアパートに転居してくるところから、「トキワ荘」の伝説は始まる。トキワ荘は、藤子不二雄《ふじこふじお》、石ノ森章太郎《いしのもりしょうたろう》、赤塚不二夫《あかつかふじお》など、日本の漫画文化を築き上げた漫画家たちが、若き日に住んでいたことで知られている。

手塚は学童社の編集者から、新築アパートだったトキワ荘への転居を勧められて住むようになる。手塚本人は2年足らずでまた転居するが、それから同社の雑誌『漫画少年』に連載を持つ若手漫画家が入居することになる。

『スポーツマン金太郎』で知られる寺田《てらだ》ヒロオは、1953年末に入居しているので、彼だけが手塚と被《かぶ》っている。手塚退去後の部屋には、富山県から出てきた親友同士の漫画家コンビ・藤子不二雄（藤子・F・不二雄、藤子不二雄Ⓐ）が入り、その後2人は別々の部屋に住むことになった。宮城県出身の石ノ森の入居は1956年のことであり、満州生まれで、奈良、新潟と移り住んだあと、東京の化学薬品工場で働いていた赤塚も、石ノ森の伝手《つて》で同年にトキワ荘に入る。

寺田ヒロオも『漫画少年』の投稿作家の1人であった。生粋《きっすい》の野球少年で、高校時代も野球部に所属し、社会人になっても継続していたが、22歳のときに一念発起し、漫画家を志して上京した。その際に、これも学童社の編集者からの紹介で、トキワ荘に入居している。

先述した『スポーツマン金太郎』をはじめ、スポーツ漫画を得意としたが、『暗闇五段』以降、執筆ペースを落とし、1973年には絶筆しているので、現代の漫画ファンにはあまりポピュラーな漫画家ではないかもしれない。

しかし、当時の寺田はトキワ荘に入居してくる漫画家と「新漫画党」を結成し、漫画誌に合作、競作を発表するなど、様々な活動をしている。「テラさん」の愛称で呼ばれ、面倒見のよい先輩として、藤子不二雄Ⓐの『まんが道』などでも描かれている。

藤子不二雄が引っ越してくるに際して、寺田ヒロオが送った手紙がある。梶井純《かじいじゅん》『トキワ荘の時代』からの孫引きになるが、引用したい。

アパートの件。

聞いて知っていると思いますが、敷金三万円。礼金三千円。部屋代一カ月分前払いで三千円が必要だと思います。

手塚さんにたのんだら、三万円の敷金は待ってもらえるでしょう。トキワ荘に入ってから、六カ月なり、三カ月なりで返したらいかがですか。どうしても無理でしたら、およばずながら小生が幾分かご都合しますから、ぜひ言ってよこしてください。（略）

僕のようにルーズにしていても、食費は月に四、五千円ですから、二人ならば、六千円ぐらいだと思うんですが。

それから毎月の部屋代が三千円。電灯・ガス・水道が五百円前後。そのほか新聞代などが五百円前後。食わずに寝ていてもこの四千円は毎月、必要です。

これに食費、交通費、そのほかを加えた費用が、月々出せればよいわけです。

（梶井純『トキワ荘の時代』ちくま文庫）

梶井も書いているが、手紙からも寺田の心配りのほどがうかがえる。藤子不二雄の二人をはじめ、新たな生活を始めていく不安を抱えながら、地方から東京に出てくる20歳にも満たないトキワ荘の面々にとって、寺田の存在がどれほど頼もしかったかは想像に難くない。

藤子不二雄Ⓐ『まんが道』（中公文庫）より

寺田は、空いた部屋に若い漫画家志望者を入れ、切磋琢磨していきたいという思いがあったという。入居にはメンバーによる厳正な審査もあったというから、単なる若手ではなく、将来性のある漫画家を求めていたようだ。

トキワ荘における漫画

家の集住の要因は、彼らにとって憧れだった手塚の存在はもとより、寺田のリーダーシップによるところも大きかった。

「アシスタント」の必要性と「同人誌」のネットワーク

また、トキワ荘には学童社をはじめ、居住者が連載を持っている漫画雑誌の編集者が数多く出入りしており、彼らとのコミュニケーションを図る点でも、そこから仕事につながる点でも、トキワ荘は機能していた。

「集住」という意味では、戦前の文士村や芸術村などの延長線上にあるが、トキワ荘の重要なところは、駆け出し、新人の漫画家が集まったところにある。手塚は当時から別格として、トキワ荘に集まった漫画家は、それこそ生活困窮《こんきゅう》と対峙《たいじ》しながら、相互扶助を行い、自らの夢の具現化を図ったのである。

もう一つトキワ荘には、依頼された急ぎの仕事を、手が空いている者がアシストできるという機能もあった。漫画家は連載を多く抱えたり、締め切り前に火急の作業が求められたりした場合、アシスタントが必要な業種であり、トキワ荘でも誰かが忙しいときには、手の空いた者がアシスタントとして手伝っていた。

1人での制作を基本とする小説や絵画では、このような共同作業は考えにくい。映画も共同制作であり、とくに戦前から松竹大船撮影所の周辺には、映画監督や俳優が集住したことで知られているが、それぞれが決められた役割を担う範囲での共同作業だ。一方で漫画は、個人作業という基本線があり、それを手伝うことが可能な表現である。

別の角度から注目すべきなのは、『墨汁一滴』という肉筆回覧誌の存在だ。いわゆる同人誌で、石ノ森章太郎が中学時代に近所の仲間たちと「東日本漫画研究会」を結成した際に、漫画の研究誌として『墨汁一滴』を構想した。

しかし、すぐに漫画研究という方針を転換し、すでに漫画雑誌に投稿して活動している人とのネットワーク構築に利用することにした。『毎日中学生新聞』『漫画少年』に投稿していた青森県の3人を手始めに、『漫画少年』誌上でも会員を募集するようになる。

石ノ森が『墨汁一滴』に描いた漫画のクオリティの高さから、創刊号は『漫画少年』編集部や手塚治虫、寺田ヒロオ、藤子不二雄などを巡ったという。

そして彼は高校二年生の春、『漫画少年』への投稿が手塚治虫の目にとまり、『鉄腕アトム』のアシスタントを務めている。その後、高校三年のときには『墨汁一滴』を編集するために上京し、東京の会員であった赤塚不二夫、長谷邦夫《ながたにくにお》と会い、『漫画少年』編集部、手塚宅などを訪問する。『墨汁一滴』は1953年から1960年にかけて10回発行された。

石ノ森は『漫画少年』での投稿で手塚の知遇を得ると同時に、トキワ荘にたどり着く過程において、『墨汁一滴』を活用して独自のネットワークを構築していたのだ。中でも赤塚不二夫との交流はとても深いものだったようで、彼の『章説 トキワ荘の青春』にも頻繁に登場する。

この時期は東京におけるメディアの確立期に当たり、それ以前から大阪にも貸本専門の出版社などはあったものの、漫画文化は東京の出版社を中心に回っていくようになる。『漫画少年』をはじめとする投稿文化成立の背景には、このような当時の社会状況があった。地方に居住する漫画家志望の若者たちにとって、東京の漫画雑誌の投稿コーナーは、世に出るための糸口であった。

ただ、入選して掲載される可能性を考えると、誌面に載るハードルは高い。そのため、身近な漫画好き、文通などで知り合った漫画家志望者たちと一緒に、単純に作品を発表したいという願望も大きくなり、それが様々な同人誌創刊に結びついていったのではないだろうか。

トキワ荘は1982年に解体されたが、このアパートに住んでいた漫画家たちが、現在にいたる商業漫画の本流を作ったことは紛《まぎ》れもない事実だ。だからこそ伝説のアパートとして、多くの漫画ファンの人々に知られている。

トキワ荘に関しては、丸山昭『トキワ荘実録 手塚治虫と漫画家たちの青春』、前掲した石ノ森章太郎『章説 トキワ荘の青春』、藤子不二雄Ⓐ『トキワ荘青春日記』など、編集者、漫画家の手による文献が多くある。

「24年組」の母体となった大泉サロン

さて、トキワ荘には短期間であったが、女性漫画家も居住していた。水野英子《みずのひでこ》である。竹宮恵子《たけみやけいこ》、萩尾望都《はぎおもと》を代表とする「24年組」の女性漫画家たちは、少女時代に水野の作品を読み、大きな影響を受けたとされる。この「24年組」に関しても、いくつもの論考がある。

私自身この言葉をいつ何処で目にしたのか今ではハッキリしないのだが、これまで私が知っていたこの言葉の意味を簡単に説明すると、「24年は昭和24年（1949年）のこと、そして〈24年組〉というのは、萩尾望都、大島弓子、竹宮恵子らをはじめとする、昭和24年前後に生まれ、1970年代に少女マンガを革新した、マンガ家たちの通称」である。

（ヤマダトモコ「漫画用語〈24年組〉は誰を指すのか?」『月刊コミックボックスVol.108』）

その24年組の母体となったのが、「大泉サロン」である。1970年5月に徳島から上京した竹宮と、10月に福岡から上京した萩尾が、共通の友人だった増山法恵《ますやまのりえ》が紹介した2階建ての借家に同居するところから始まる。この借家は、増山の家の斜め向かいにあったとされる。

竹宮は、石ノ森章太郎の作品が好きで、彼に手紙を送ったことをきっかけに、同人誌『宝島』を紹介してもらい、人脈を広げていく。その後1967年、17歳のときに漫画雑誌『COM』の読者投稿広場「ぐら・こん」に投稿し、月例新人賞に佳作入選、漫画家デビューを果たしている。竹宮は進学した徳島大学在学中に上京し、大泉サロンに入居する前には、石ノ森章太郎への憧れもあって、石ノ森の住む桜台に部屋を借りていた。

萩尾は、大牟田にある高校卒業後、福岡のデザイン学校で学びながら投稿を続ける。しかし、なかなかうまくいかず、上京した際には、手塚プロにいた旧友の原田千代子《はらだちよこ》を訪ね、手塚本人を紹介してもらっている。

その後の上京時には、原田や漫画家の岡田史子《おかだふみこ》を訪ね、同郷の平田真貴子《ひらたまきこ》を経由して講談社に持ち込みを行い、それがデビューの契機となる。大泉サロンに転居以降は、24年組の漫画家たちと刺激し合い、小学館の編集者である山本順也《やまもとじゅんや》に認められ、コンスタントに作品を発表するようになった。

大泉サロンの誕生に関していえば、増山が人的ネットワークのキーになっており、彼女を中心にして萩尾、竹宮が同居することになった。以下は、竹宮惠子による自伝『少年の名はジルベール』の一節である。引用は増山の会話から始まる。

「あのねえ、うちのすぐ向かいにある二軒長屋の片方が空いたのよ。そこに、萩尾さんも呼んで一緒に住むって、どうかな。みんなでトキワ荘みたいな暮らし方をしない？　少女マンガ界にも、ああいうことがあればいいなってずっと思ってた」

「それ、いいねえ！」

私は当然、二つ返事だ。

「あなたと萩尾さんがいれば完璧！　絶対いろんな人が集まってくるよ。保証する」

「それが、何か少女マンガを変えることにつながるかもしれないでしょ。1人より2人、2人より3人よ！」と言った。

「でも萩尾さんはまだ無理だって」
「萩尾さんに、もう一度声をかけてみようよ。彼女が上京したいと思っているのは確実なんだし。私からも説得してみるよ」

（竹宮惠子『少年の名はジルベール』小学館）

萩尾の『別冊なかよし』に掲載された作品に触発され、増山が萩尾にファンレターを送ったことをきっかけにして、2人はペンフレンドとなっていた。竹宮も同作品を読んで感銘を受けており、編集者の仲介で萩尾と知り合っていた。そして、竹宮は萩尾から、増山を紹介してもらっていた。

すでに上京して桜台に住んでいた竹宮が、萩尾の上京時に大泉での同居を持ちかけたようだ。その誘いは上京して桜台に住む前から伝えてあったが、萩尾の上京が遅れたらしい。

この経緯に関しては、中川右介《なかがわゆうすけ》『萩尾望都と竹宮惠子』でも触れられている。そこでは、「竹宮から萩尾に持ちかけた点では三人の回想は一致するが、二人が一緒に住もうと決めてから増山が部屋を見つけたのか、増山が部屋を見つけてから、竹宮が萩尾に呼びかけたのか、このへんが、食い違うと言うか、曖昧だ」としている。

当時の少女漫画の状況についても触れよう。少女漫画も戦前に萌芽期があり、戦後になると、1953年に手塚治虫が『リボンの騎士』を発表する。その後、高橋真琴《たかはしまこと》らの少女画や、宝塚歌劇団の影響を受けながら、背景の花や瞳の中の星、長いまつげなど、少女漫画の様式が確立されていく。

1950年代から1960年代前半の少女漫画は、ちばてつやや松本零士《まつもとれいじ》など、主に男性漫画家によって描かれていた一方で、各少女漫画雑誌には、女性漫画家を育てたいという機運も高まっていた。先述した水野英子が、女性ストーリー漫画家の草分けとされている。

竹宮、萩尾の登場は、その次の世代に当たり、次第に彼女たちは独自の世界観を模索し始める。こうして大泉サロンは、「女性自身による新たな少女漫画」を生み出そうとする、女性漫画家の温床になった。この時期は、現在にまでいたる少女漫画の胎動期と捉えていい。

竹宮は、『風と木の詩』で初めて少年愛（ボーイズ・ラブ）を描き、また『地球へ…』ではSFに挑戦している。女性漫画家による作品が、少年漫画誌に連載されるという画期的な成果も上げている。

萩尾は、吸血鬼の少年・エドガーを主人公とする『ポーの一族』、ドイツのギムナジウム（男子学生寮）を舞台にした群像劇『トーマの心臓』など、少年を描くファンタジーをものしつつ、『11人いる!』『スター・レッド』など、宇宙を舞台にしたSF作品が多くの読者に支持され、少女漫画の代表的な作家になっていく。

地方出身の2人からすれば、東京出身の増山は、漫画以外の生活面でも大きな存在であった。前述した『少年の名はジルベール』では、『風と木の詩』の誕生秘話について厚く記述されているが、その中でも増山法恵との出会いと関わりに詳しく触れている。

増山は音楽大学を志望しており、音楽についての造詣《ぞうけい》が深かったが、それだけではなく、文学、映画、そして漫画にも詳しく、彼女の教養は初期の竹宮にとって、作品創作の礎《いしずえ》になっていた。彼女が「少年愛」をテーマにした作品を模索していた際にも、真っ先に増山に相談を持ち掛けている。

私の話はあちこち穴だらけで、彼女の問いに対して答えに窮するところもあった。きちんと並んだストーリーや、起承転結すらない。でも彼女がすぐに興味を持ってくれたことは、私にとって大きかった。彼女は興味のないことは、お金を積まれたとしても絶対に乗ってこないタイプだったからだ。

実際、関心のない作品に対して投げつける言葉には微塵も容赦がないのだ。彼女が面白がってくれたことに心が躍った。次々にその場で設定が、場面が出来上がっていくドライブ感。あれはもう、一生に一度のことだったように思う。

その作品のタイトルを『風と木の詩《うた》』としたのは、それからずっとあとになってからのことだ。


（同前）


初期の多くの作品は、両者ともに日本ではなく、ヨーロッパが舞台になっている。もともと当時の少女漫画の風潮としてあったことだが、24年組以降、ただの舞台としてではなく、本格的な作品に昇華されていく。

その契機になったのは、竹宮、萩尾、増山、そして大泉サロンにも頻繁に出入りしていた『日出処の天子』などで知られる山岸凉子《やまぎしりょうこ》の4人で、45日間のソビエト経由でのヨーロッパ旅行に行ったことの影響が大きいとされている。山岸の『アラベスク』はソビエトが舞台の作品であり、大泉サロンのメンバーにとって、ヨーロッパ旅行は共同学習の側面があった。

「同郷」「地方出身」という結びつき

一方で、『文藝別冊』「総特集　萩尾望都」でのインタビューでは、萩尾は次のようにも述べている。

その後大泉には、ささやななえさんが半年もいらしたほか、いろいろな人が訪ねてきていました。伊東愛子《いとうあいこ》さんとか、佐藤史生《さとうしお》さんも。ただ私も、北海道のささやさん宅に1ヶ月も行ったり、山岸涼子さんのアシスタントに行ったり、山田《やまだ》ミネコさんを訪ねたりと、いろいろな人のところに行って会ってましたね。面白かったです。そのうち私の収入が安定したので、大泉は解散ということになって（1972から1973年ごろ）。

『文藝別冊 萩尾望都――少女マンガ界の偉大なる母』 KAWADE夢ムック

前掲の中川によれば、「欧州大旅行から帰国すると、大泉サロンの契約更新の時期だった。ちょうど二年が過ぎたのだ。その通知を受けて、竹宮は、出て行こうと決めた。竹宮の自伝によると――もはや竹宮は萩尾といるのが限界だった」という。竹宮の証言にもブレがある点を指摘しているが、個々の才能同士の軋轢《あつれき》が生じていたと見てもいいだろう。

その点では、萩尾にとっては「大泉サロン」は住まいであるとともに、ハブのようなものだったのだろうか。竹宮と違って、意外と解散に関しても淡白なスタンスが垣間見える。

このように、竹宮と萩尾のデビュー前後を見ていくと、「大泉サロン」はネットワークづくりの拠点になっていたといえるだろう。創作者、表現者としての切磋琢磨《せっさたくま》の場でありつつ、多くの若手少女漫画家が出入りすることによって、ネットワークが自然に構築され、情報交換、意見交換などの機会が生まれたという点には留意すべきだ。

また、以下の会話にも示唆《しさ》的な点が見える。

――おふたりが最初にお会いになったのはいつなんでしょうか？

山岸　デビューしたてくらいの年ですね。最初はささやななえこさんと大泉を訪ねたんです。私が迷ったのがその次、ひとりで行ったときだったのを覚えている。たどり着けなくて。

萩尾　山岸さんもささやさんも北海道出身ですよね。それで最初一緒にいらした。

山岸　そう、私がささやさんより先にデビューしてて、北海道に一時戻ったときに、編集部を通して知り合ったんですね。私、ささやさんの作品を手伝った記憶がある。

萩尾　ささやさん、大泉に住んでいたんです。なんか1回来て、半年くらい住んでいて。

（『Otome Continue Vol.6』太田出版）

また、『あさきゆめみし』『ヨコハマ物語』などで知られる漫画家・大和和紀《やまとわき》が、『はいからさんが通る』新装版に付録された山岸凉子との特別対談で、以下のことを言っている。

大和　私はデビューして上京して。山岸さんは1年間お勤めをしながら漫画を描いていて。何回か東京に来て出版社に持ち込みをしたんだよね？　それでその間、私の家を宿にしたりしてたんだけど。

山岸　本当にお世話になって。講談社や集英社とか行ったりね。

（大和和紀『新装版 はいからさんが通る（1）』講談社）

つまり、「地方出身」や「同郷」という縁によって、ネットワークが構築されていたのだ。

同様に、先のトキワ荘の住人にも、「地方出身」という共通項を見出すことができる。

代表作『美人はいかが？』で知られる漫画家の忠津陽子《ただつようこ》は、山岸凉子の高校の後輩に当たり、彼女は姫野《ひめの》カオルコ『ああ、懐かしの少女漫画』によれば、大和和紀の従妹らしい。

山岸凉子と忠津陽子は札幌旭丘高校、大和和紀は札幌北星学園女子高校の出身であるが、すでに高校時代から三者は知り合いであり、忠津は上京後には大和のアパートに半同居もしていたという。

「大泉サロン」は、「少女漫画家版トキワ荘」というような位置づけがなされてきたが、実は当時、ほかにもトキワ荘や大泉サロンのような場はいくつもあったと考えていいだろう。そして、そのキーワードは、「地方出身」ということになるのではないか。

当時はまだ、東京での立身出世を夢見る「上京物語」が生きていた時代で、地方で漫画などの創作活動を志す者にとって、東京へ拠点を移すということが成功への糸口に見えたのだろう。その際に、頼りになるのは、同郷や知り合いというネットワークだったのだ。

漫画家にとっての「上京物語」

さて、この背景をもう少し探ってみよう。時代は１９６０年代から70年代にかけてだ。

１９６０年の大学進学率は、10・３％（男子14・９％、女子５・５％）、１９７０年では、23・６％（男子29・２％、女子17・７％）である。１９５０年代は、男子の大学進学率が女子に比べて高く、この傾向は１９７０年代半ばまで続いた。なお２０１３年では、大学進学率は55・1％（男子55・1％、女子55・2％）である。

大学生が増えるということは、大学のある都市への人口移動が生じるということだ。とくに日本で最大の大学都市である東京に、若者が集まるという流れが生じてくる。

漫画家の人材育成には通常、いくつかパターンがあるといわれている。一つはプロの漫画家にアシスタントとして使ってもらい、下積みを経てから独立する方法、もう一つは、大手の漫画雑誌への投稿からプロを目指す方法だ。

その後、専門学校や大学に漫画コースが創設されるようになると、そこからプロになるというケースも生まれた。あるいは最近では、SNSなどに自作を発表し、それが多くの支持を得て、出版社から声がかかるという事例も増えている。しかし、この時代には最初のパターンが多かった。

戦後間もなくして、集団就職に代表されるように、地方から東京へ労働者層が流入し、東京は肥大していった。つまり、「ヒト・モノ・カネ」が東京に集中していった。

たとえば、手塚治虫が東京に居を構えて以降、新人漫画家が続々と上京してくるのは、昭和30年代だ。トキワ荘の漫画家だけでなく、関西で活動していた劇画作家たちも、同様の上京行動を取っている。

いわゆるコンテンツ産業に従事しつつ生計を立てるうえで、上京が不可避のものになった背景には、コンテンツ産業やメディアの東京一極集中がある。

社会学者の難波功士《なんばこうじ》は、『人はなぜ〈上京〉するのか』で上京行動を論じる中で、コンテンツ産業、メディア産業への従事者に触れ、「出版に始まり各種マスコミの機能が集中していた、とりわけキー局を中心とするテレビ放送の仕組みのもとにある東京は、やはりサブカルの首都であり、ある種の若者たちにとっては東京以外の選択肢はあり得なかった」とする。

近年のNHK「連続テレビ小説」でも、クリエイター志望の地方出身者が主人公になることが目立つようになってきた。『半分、青い。』は、主人公が1990年代に岐阜から漫画家になるために上京するという設定であり、『なつぞら』では、主人公は1956年にまず就職のために北海道・十勝から上京し、その後アニメーターになる。後者が時代設定的には、「トキワ荘」や「大泉サロン」に近い。

ハブとなった漫画家「永島慎二」

さて、このころから少年漫画誌、少女漫画誌が百花繚乱《ひゃっかりょうらん》の時代になっていくが、並行

漫画雑誌『COM』1968年7月号

して青年誌の勃興期でもあった。中でも1964年から青林堂が発行した雑誌『ガロ』は、異彩を放っていた。

創業者の長井勝一《ながいかついち》のもと、商業主義と距離を置いた独自の路線を築き、異才の漫画家を数多く輩出したことで知られる。彼らは「ガロ系」と呼ばれた。白土三平《しらとさんぺい》、水木《みずき》しげる、つげ義春《よしはる》、永島慎二《ながしましんじ》など、貸本漫画の作家を軸に、池上遼一《いけがみりょういち》、佐々木《ささき》マキ、林静一《はやしせいいち》などの新人作家も発掘して、誌面を作っていった。

『ガロ』と並んで異色だった青年誌に、『COM』がある。『COM』のほうは、1967年の創刊で、経営は手塚治虫のプロダクションである、虫プロ商事だ。

創刊号には手塚治虫のライフワークとなる『火の鳥』が掲載され、石ノ森章太郎、永島慎二などが主力作家となった。「トキワ荘」に関わる石ノ森章太郎、藤子不二雄、赤塚不二夫など、12名の漫画家による競作『トキワ荘物語』も、この雑誌に掲載されている。また、

「大泉サロン」に関わっていた漫画家の何人かも、『ＣＯＭ』とつながりがあった。

この『ガロ』『ＣＯＭ』両誌で活躍した漫画家が、永島慎二だ。代表作である『漫画家残酷物語』『フーテン』は、今もなお読み継がれている。貸本漫画の出版社、若木書房に原稿を持ち込み、そこでつげ義春などと面識を持った。

その後、辰巳《たつみ》ヨシヒロ、さいとうたかをなど、「劇画工房」のメンバーとも交流する。また、赤塚不二夫、石ノ森章太郎らと同人グループを結成し、手塚治虫の面識を得て、一時期はアシスタントも務めた。１９７０年代には「青春漫画の教祖」的な存在となる。

彼の作品には、しばしば阿佐ヶ谷にある喫茶店「ぽえむ」が登場する。そのＨＰには、次のように書かれている。

東京・阿佐ヶ谷の小さなお店からスタートした「ぽえむ」。沢山の文化人の方や、夢を持った若者たちが集っていたそうです。当時若者に圧倒的な影響力を持っていた漫画家の永島慎二さんもその当時のお一人。代表作「若者たち」の舞台として描いていたのが「ぽえむ」でした。

（「コーヒーハウスぽえむ」ＨＰより）

永島は様々な人々とネットワークを形成していた。旅行作家として知られる蔵前仁一《くらまえじんいち》は、次のように述べる。

高校時代から特に念願していたことがあった。それは阿佐ヶ谷にある「ぽえむ」という喫茶店でコーヒーを飲むことだ。東京というより、新宿や阿佐ヶ谷に強く憧れていた。そこには、当時熱狂的ファンだった永嶋《ママ》慎二の描く『フーテン』の舞台があったのだ。黄色い文字の喫茶店に入ると、そこには永嶋慎二の原画が飾ってあり、漫画の主人公のようにコーヒーを飲んでタバコを吸った。そして、新宿の映画館で夜を明かし、眠たい目で、朝焼けに燃える空を眺めて、ああ、これが『フーテン』の空だと感動した。

（「僕の高校時代──1971〜1975（11）花の浪人生活」『旅行人編集長のーと』2016年2月13日配信より）

このように永島と「ぽえむ」を軸にする空間は、永島を中心にして、彼を慕うアシスタント、漫画家などのクリエイターたちが屯《たむろ》する、一つのサロンだったのかもしれない。永島の弟子たちは、漫画『若者たち』のモデルになっている。あだち充《みつる》も学生時代には永島慎二の作品に憧れていたというが、タイミングが合わずにアシスタントになる願いは叶わなかったらしい。

また、吾妻《あづま》ひでおの自伝的漫画『地を這う魚 ひでおの青春日記』にも、アシスタント仲間と永島慎二宅を訪問するくだりがあり、永島は不在だったが、岡田史子、村岡栄一《むらおかえいいち》が先に来ていたという場面がある。当時、吾妻が交流していた漫画仲間の大半は、北海道出身であった。とくに高校の同級生である松久由宇《まつひさゆう》とは、長らくつながりがある旨が記載されている。

また作中、吾妻たちが大和和紀、忠津陽子宅に借金を申し込みに行く場面もあり、このつながりは、彼らが『COM』の投稿コーナー「ぐら・こん」北海道支部の会員だった縁からなのだろうか。地縁がここにも見え隠れする。当時、北海道出身漫画家のネットワークは、縦横無尽《じゅうおうむじん》に構築されていたようだ。

ちなみに永島自身が書いたエッセイ『阿佐谷界隈怪人ぐらいだあ』には、彼が当時、交際していた人々の紹介がされている。もうすでに亡くなった人物も多いので、当時の永島のネットワークを知る貴重な資料となっている。

集住の裏にあるキーマンの存在

人的ネットワークの形成には、キーマンの存在が必要である。「トキワ荘」の寺田ヒロオ、「大泉サロン」の増山法恵は、伝説を裏で支えたキーマンであろう。

集うメンバーは、基本的にはそれぞれ出版社から発注を受けたうえで、個別に作業を行っているので、場を構成するメンバーの感情やメンバー間の関係性に気を配るなど、信頼関係を築くことに腐心したように見える。

永島の場合は少々違っていて、彼自身がすでに知名度を得ていて、漫画家としても評価されており、彼を慕って人が集まってくるという形だ。人間関係のうえに成り立ったというより、「手塚に憧れてトキワ荘に住む」という感覚に近いかもしれない。

永島自身はあくまでマイペースを貫き、自由闊達《かったつ》に生活し、そこに彼に憧れを持ったメンバーが集った。これは、大泉サロンに転居する前の竹宮が、石ノ森が住み、よく行く喫茶店のあった桜台に転居したことにも通じるところがあるように思う。

トキワ荘や大泉サロンは、クリエイター同士の情報、意見交換や共同作業の場であるとともに、当時の社会背景から見ると、「同郷」や「地方出身」というものが、共通の意識を増大させているようにみえる。その点では、東京と地方の分化によって生じた創造の場であったのかもしれない。

また、最初に場ありきではなく、人と場の関係性が明確で、人を軸にして自然に形成されていった事例でもある。

いずれにせよ、トキワ荘と大泉サロンの共通点は、集住のメカニズム、つまり同好の士が同じ場所に集まるという法則性に加えて、地方出身者に共通する強い成功願望が支えていた。当時の地方からの上京行動は、東京で成功して「故郷に錦《にしき》を飾る」というような意味合いが強い。

ちょうど国鉄の集団就職列車が走っていたのは、1954年から75年。地方から就職のための若年就業者が続々と上京している。トキワ荘のころがちょうどこの最盛期と重なり、大泉サロンは、団塊の世代が東京に憧れて上京してくるころだ。上京行動の最初のピークは、高度経済成長期の1960年代である。

このころは、漫画業界においては「貸本漫画」から、月刊誌や週刊誌など「雑誌」という形態に主戦場が代わる、産業的な転換点にも当たる。従来の少年漫画誌や少女漫画誌だけでなく、『ガロ』や『COM』など、どちらかというと創作優先の漫画誌も登場し、石ノ森章太郎が『COM』に連載を持ったように、彼らの中には強く関わる漫画家もいた。

商業的、前衛的を問わず、漫画への需要が急速に拡大し、その中で新たな漫画表現を模索した若き漫画家たちが、鎬《しのぎ》を削っていた。

ただし、忘れてはいけないのは、当時の漫画家たちが集まった場所は、「トキワ荘」や「大泉サロン」だけではないことだ。「ぽえむ」のように、ときには喫茶店が、あるいは誰かの家が、「サロン」として機能していたはずである。

当時の東京を俯瞰《ふかん》してみたら、漫画家が集う場所は星の数ほどあったのではないか。もしかすると、住人が大成功したがために、「トキワ荘」と「大泉サロン」だけが伝説として、マスコミなどを通じて伝播したに過ぎないのかもしれない。

コミックマーケットを生んだサークル「迷宮」

世界最大規模のイベントとなったコミックマーケット

コミックマーケットは、毎年8月と12月の年2回、東京国際展示場（東京ビッグサイト）で開催されている、同人誌の即売イベントである。世界的に見ても、これほど大規模で長く続いているイベントは稀有《けう》な事例だろう。

２０２０年４月現在、定期開催だけで97回開催されている。スペースの確保には書類審査と抽選が必須であり、希望サークルがすべて出店できるとは限らない。

２０１３年の夏に開催された「コミックマーケット84」では、東京国際展示場を３日間借り切った状態で、サークル参加は約３万５０００、一般参加者数約59万人に上った。これが２０１９年の「コミックマーケット96」になると、東京国際展示場と青海展示場の２カ所で4日間開催され、一般参加者数は約73万人にまで膨れ上がっている。

もちろん海外にも、アメリカの「コミコン・インターナショナル」のような大規模イベントはあるし、国内でもほかに「スーパー・コミック・シティ」「コミティア」などの同人誌即売会は存在するが、コミックマーケットの存在感はひと際大きい。コミックマーケットは現在、世界最大の同人誌即売会であり、屋内で行われるイベントとしても最大規模を誇っている。

コミックマーケットでは、多種多様な同人サークルによって、自作の創作物や物品が展示、販売され、漫画、アニメ、ゲーム、音楽・アイドルなどの同人誌、コスプレ衣装、アクセサリー、フィギュアなどの工芸品、ペット、ガーデニング、嗜好品などの愛好家による同人誌まで、現代日本のポップカルチャーが一堂に会する場になっている。

近年では、同人誌を販売する常設店舗も存在するが、依然としてコミックマーケットでしか販売しないというサークルも多い。出展者の年間スケジュールは、コミックマーケットの開催時期に合わせており、彼らにとっても一大イベントになっている。インターネットの普及により、活字メディアが苦境に立たされる時代にもかかわらず、コミックマーケットに陰りは見えない。

現在のコミックマーケットの理念は、

①コミックマーケットは同人誌を中心としてすべての表現者を許容し継続することを目的とした表現の可能性を広げるための「場」であり、サークル参加者、一般参加者、企業参加者などすべての参加者の相互協力によって運営される「場」であると自らを規定し、これを順守する。

②コミックマーケットは、法令と最低限の運営ルールに違反しない限り、1人でも多くの表現者を受け入れることを目標とする。

③コミックマーケットは、すべての参加者に取って「ハレの日」であることを願い、継続を最大の役割として行動する。

とされている。

この理念は、亜庭《あにわ》じゅんが「マニア運動体論 序説」(『漫画新批評大系』所収)で発表した宣言をもとにしている。しかし、現在では、当時の宣言よりも場の存続を重視するようになっており、かつ非営利、アマチュアのためのシステムであるという主張が理念から消えている。

現在のコミックマーケットは、当時とは規模が違い、理念先行では立ち行かない現実もある。肥大化にともない、理念は順守するものの、現実的な問題の解消にも努めなければならないというのが実情なのであろう。

これだけ巨大になったコミックマーケットだが、母体となったのは「迷宮」というサークルであり、その創設者の1人が、先の亜庭じゅんである。初期においてコミックマーケットの開催は、「迷宮」の「場の構築に向けた運動」として位置づけられていた。

「迷宮」は1975年に、亜庭じゅん、霜月《しもつき》たかなか（原田央男《はらだてるお》）、米澤嘉博《よねざわよしひろ》、高宮成河《たかみやせいか》、式城《しきじょう》京《きょう》太郎《たろう》が中心になって結成された。

関西系の批評集団「構雄会」（同人誌名『まんがジャーナル』）と、関東にあった「コミック・プランニング・サービス」（同人誌名『いちゃもん』）の中心メンバーが合流し、結成された。亜庭、高宮が『まんがジャーナル』、霜月、式城が『いちゃもん』のメンバーであり、米澤は新組織発足に当たって、霜月から誘われてメンバーになった。

メンバーの大半は大学を卒業し、社会人になっていたが、ファン活動を継続していこうと「迷宮」を発足した。霜月が多彩な人脈で組織構築し、理論的な主導は亜庭が行った。

前章では、漫画家による「場」についての話をしてきたが、「コミックマーケット」は、漫画批評家、同人誌サークルのメンバーによって生み出された「場」である。

漫画愛好者を組織化した「真崎守」の影響力

「漫画批評」や「同人活動」について考える際に、時代はさかのぼるが、筆者が気になるのは、真崎守《まさきもり》（峠《とうげ》あかね）の存在だ。真崎守は1970年代を彩った漫画家の1人で、当時の高校生からは、永島慎二と並んで愛読された漫画家だろう。アニメーター出身で、漫画の代表作には『ジロがゆく』『はみだし野郎の子守唄』などがあるが、1980年代には再びアニメの世界に戻り、監督として『はだしのゲン』を制作した。

すでに何度か記述してきたが、『COM』には「ぐら・こん（グランド・コンパニオン）」という読者投稿コーナーがあった。漫画家、漫画家志望者、読者、批評家を全国的に組織化し、漫画愛好者の集いの場を作ろうという趣旨で、真崎守が峠あかねという別名で中心となり、指導していた。

ベースになったのは真崎が代表を務める「全日本児童漫画連盟」で、そこでは『ぐらんど』が発行され、全国の同人グループをまとめていた。真崎は永島慎二の作品にも登場するが、

2人の間には古くからの交流があったらしい。

作画を務めた『共犯幻想』も代表作の一つであり、1972年から『週刊漫画アクション』に連載された。地方高校生の学生運動を題材に、最後まで校舎に残った4人の主人公たちが、「なぜこの4人が残ったのか」を問うところから始まる自己探求的な作品であり、学生運動をメインに据《す》えた点での解釈が定まらず、評価は人によって様々だが、それでも漫画表現の先進性は誰もが認めるところであろう。

現在もウェブ上で真崎守の経歴などを紹介するサイト「真崎守図書館」が運営されており、管理者の最中義裕《もなかよしひろ》は以下のように述べている。

真崎守が精力的に作品を発表していた1960年代終盤〜1970年代初頭が、ある意味特別な時代であったことは多くの方々が語っており、無自覚な少年時代を過ごしたゆえそれを実感できなかった私は、〝もう10年早く生まれたかった〟という想いと〝逆にあと10年遅く生まれていれば、あの時代に無関心でいられたかもしれないのに〟という（いささか後ろ向きながら、だからそれがどうしたんだと言う程度の）両方の想いを長く抱いて来ました。ただし、私が真崎守作品に強く惹かれたのは、その時代性ではなく、作品自体の持つ魅力故に他なりませんでした。

（「管理人・最中義裕からのご挨拶」『真崎守図書館』より）

また、同じくウェブ管理者で、音楽雑誌『ロッキング・オン』創刊者の１人でもある橘《きっ》川幸夫《かわゆきお》も、以下のように述べている。

> 僕は学生時代に真崎・守の作品と出会って衝撃を受け、彼の作品を神田の古本屋街で探しまくりました。単行本はもちろん、掲載されていた雑誌を探して、店頭に積まれた雑誌のバックナンバーの山と格闘していました。1冊10円で買ってきたマンガアクション《ママ》やヤングコミックの古雑誌の中から真崎・守の作品だけを切り抜いてファイルにしていました。１９６９年の話です。

（「Ｗｅｂ管理人・橘川幸夫からのご挨拶」『真崎守図書館』より）

最中、橘川の文章からは、当時の真崎守が持っていた若者たちへの影響力が垣間見える。

真崎は、峠あかねとしても、真崎守としても、１９６０~70年代にかけて、漫画の世界

真崎守／原作：斎藤次郎『共犯幻想』（ぱる出版）より

で不可欠な存在だったと思う。移ろう時代の中で後世に継承される仕事をしてきた。

とくに同じ志を持つ人々が集まることになった「ぐら・こん」の中心人物としての再評価は、もっとなされてもいい。そこにはやがて世に出ていく漫画家や、漫画評論、批評といった領域を開拓していく者が交流する場が形成されていた。

それはリアルな場ではなかったが、何人かの人々は文通や対面での交流を行い、それがコミックマーケットに続く一つの道を作っていった。

余談だが、筆者は年齢を重ねるにつれ、10代のころに熱中していた小説や漫画などの作品を再読すると、改めて新鮮な印象を受けると同時に、当時は見えていなかったことが見えてくるような感覚に襲われることが多い。その点で、今読み返してみると、真崎守の漫画家としての力量にも、驚きを禁じえない。『共犯幻想』は、劇画の一つの発展形だったのではないかと、今更ながらに感じる。

漫画批評に流れる命脈

話を戻そう。亜庭じゅん遺稿集である「亜庭じゅん大全」には、同世代で漫画評論を行っていた村上知彦《むらかみともひこ》に関する記述がある。

村上知彦の言う「ぼくら（筆者注：同世代の漫画評論家たち）」はCOM世代でも全共闘でもない。自分が漫画にとらわれていると自覚したものたちが、同じくとらわれていると自覚したものたちを予感する時たちあらわれる幻のことだ。それは漫画にどれだけの夢を背負わせ得るかを自問する意志の共有であり、世代とは無縁のことだ。『黄昏通信』は、そうした意志がそれだけで自立し得た時代の終わりを告げると同時に、それでもなお、その意志を生き延びさせようとする現実的な態度表明なのである。村上知彦は、世代の共有世界の崩壊を知ったうえで、たとえ一人きりでも『ぼくら』を背負う気でいる。その回路こそ、漫画を読むことだ。

（亜庭じゅん『漫画新批評大系Vol.16「亜庭じゅん大全」』迷宮）

ここで登場する村上知彦は現在、編集者、漫画評論家として活躍していて、亜庭とも交流があった人物である。

彼は「ぐら・こん」などに掲載された峠あかねの漫画評論に影響を受け、大学卒業後に「チャンネルゼロ」の設立に参加、いしいひさいち、ひさうちみちお、川崎《かわさき》ゆきおなどの単行本の出版、季刊漫画誌『漫金超 まんがゴールデンスーパーデラックス』の発行に関わっている。１９８１年には、情報誌『プレイガイドジャーナル』の五代目編集長も務めている。

引用文中の『黄昏通信』は、村上による１９７９年刊行の漫画評論集である。

「村上知彦の言う『ぼくら』」「たとえ一人きりでも『ぼくら』を背負う気でいる」といった言葉の背景には、１９６０年代以降、漫画、映画、ＳＦなどに関心を示す人々が増え、同時に表現の場としての同人誌が制作されるようになったことがある。

ただ、漫画評論家の夏目房之介《なつめふさのすけ》は、「村上さんと僕は、立ち位置自体はとても似ていると思います」としながらも、村上さんの言う「僕らのマンガ」という言い方への違和感もありました。70年代に入ってすぐの頃にはもう、「僕ら」という感覚は失われていると思っていたんです。それは「政治の季節」が終ったこととも関係していると思うんですけど、もう僕らは各々が「個人」としてしか存在していない、という強い印象があった。「僕ら」というコミュニティにすることに抵抗があった。

（「マンガはどう語られてきたのか（後編）――夏目房之介が語る、「僕らのマンガ」への違和感と「いいマンガ」の基準」『マンガ・アニメ3・0』2019年6月17日配信より）

と述べている。

ばるぼら、野中《のなか》モモによる共著『日本のZINEについて知ってることすべて』で、教育評論家の斎藤次郎《さいとうじろう》がインタビューを受けている。

――斎藤さんが1971年に『まんがコミュニケーション』を創刊した際には、『COM』が休刊へ向かって漫画ファンが集う場所がなくなってしまう、という危機感があったとうかがっています。

斎藤　『COM』と直接的な関係はないです。ただ、気分としてはそうですよね。なんとかしなくちゃ、ってみんなが思ってた。そこでまた一種のサロンができあがっていくわけです。僕より下の世代の、漫画の好きな、しかもちょっとメジャーじゃない漫画にこだわる若者たちの。橘川幸夫くんとか村上知彦くんとか。村上くんは『月光仮面』っていうガリ版の新聞を出してたの。「全国の月光仮面よ団結せよ」って。ああいうのがいっぱいあったんじゃないかなあ。そんな風に批評とか読者の質が変わって、漫画のほうも変わってきた。少女漫画で24年組が出てきたり、少年漫画もそれまでになかった心理の綾が描かれるようになったり。ニワトリと卵みたいなもので、どっちが先かはわかんないけどね。

（ばるぼら、野中モモ『日本のZINEについて知ってることすべて』誠文堂新光社）

斎藤次郎は、先に触れた真崎守作画の漫画『共犯幻想』の原作者としても知られる。『COM』で漫画評を連載し、村上知彦や米澤嘉博の漫画論にも大きな影響を与えたとされる。斎藤次郎を現在の漫画ファンはほとんど知らないだろうが、このようなバックヤードにいた人物が鍵《かぎ》になっている場合もある。斎藤も当時の漫画批評、評論を語るうえでは欠かせない人物といえよう。

前掲の漫画評論家の夏目房之介が、自身のブログに書いた文章が象徴的だ。

いやはや、当時のマンガ言説の特色を色濃く見せていて、読んでおくべき本（筆者注：『共犯の回路』）だった。斉藤《ママ》次郎は、COM誌でのマンガ評や「まんがコミュニケーション」紙（斉藤の主催したミニコミ）で知ってはいたし、読んでもいたが、当時それほど興味を持たなかった。が、じつは後の「私語り」マンガ論（村上知彦、米澤義博《ママ》ら）に大きな影響を与えているはずだ。何度も出てくる〈……と僕は思う。〉という言い回しなど、村上春樹も含めて影響があるんじゃなかろうか（もちろん他に先行例があるかもしれない）。

（「斉藤次郎『共犯の回路』（73年）」『夏目房之介の「で?」』2012年5月15日配信より）

「漫画大会」への反発による結束

前述したように、『COM』は1967年から、読者や漫画家志望者としての同人作家を全国的に組織化する試みを発表し、「ぐら・こん」と称した。すなわち同人作家のプロデビューの道筋を提示したということである。

この試みは、『COM』の路線変更や休刊によって潰《つい》えるのだが、漫画同人に与えた影響

同人誌『漫画新批評大系』vol.4

は大きかった。大まかにいえば、コミックマーケットはその代替になったという見方もできよう。

「迷宮」の中心になる霜月たかなかは、萩尾望都研究会「モトのトモ」の主宰であり、『漫画新批評大系』誌上でも途中から、「戦後少女マンガの流れ」を連載するようになり、当時少女だけに読まれるものという位置づけだった少女漫画の認識を変えることに寄与した。通巻10号では、24年組が少女漫画に残した意味と、そこから乖離《かいり》していく少女漫画の現在を取り上げている。

また、同じく「迷宮」のメンバーであった米澤嘉博が、1980年に初めて刊行した単著も『戦後少女マンガ史』であり、この流れはコミックマーケットにも引き継がれているように見える。

『漫画新批評大系』では、亜庭や霜月以外の同人も評論を積極的に掲載した。同人以外にも寄稿を依頼し、評論では村上知彦、中島梓《なかじまあずさ》、高取英《たかとりえい》、竹内《たけうち》オサムなど、コラムでは飯田《いいだ》耕一郎《こういちろう》、増山法恵など、漫画作品としては高野文子《たかのふみこ》、柴門《さいもん》ふみ、吉田《よしだ》あかりなどが参加している。周辺のサポーター的存在として、赤田祐一《あかだゆういち》、大塚英志《おおつかえいじ》などもいた。また、『漫画新批評大系』以外にも叢書《そうしょ》として、『萩尾望都に愛をこめて』、千明初美《ちぎらはつみ》作品集『ときめき』、さべあのま作品集『シングル・ピジョン』も刊行された。

『漫画新批評大系』は、漫画の状況をムーブメントとして捉え、ファン活動も頻繁に誌面に掲載し、コミックマーケットの開催とリンケージさせながら、『COM』の総括やファン活動の活性化、その意義について説くことに力点を置いた。

部数は最盛期で約2000部。同人誌としてこの数字は、多くの漫画ファンに浸透した証《あかし》であった。なお、コミックマーケットを企画・主催したのは「迷宮」だが、名目上はコミックマーケット準備委員会（現在の準備会）が置かれていた。

初代コミックマーケット代表でもある霜月たかなかは、コミックマーケットを振り返った自著において、以下のように述べている。

立ち上げた時に自らの活動理念として「マニア運動体論」を掲げた「迷宮'75」は、それを『漫画新批評大系』に発表。この中でコミックマーケットも、「迷宮」の行う「運動」として位置づけている。つまり「マーケット」といっても市場の機能を果たすだけではなく、漫画ファンの交流の場としてそれを成立させたうえで、そのような場を持続・発展させていかねばならないと考えたわけである。

（霜月たかなか『コミックマーケット創世記』朝日新書）

メンバー全員が『ＣＯＭ』世代であり、『ＣＯＭ』が崩壊していく様を目にしながら、不満を持っていたが行動には移れなかった反省から、「運動体」と規定したのである。つまり漫画ファンとして自分たちの場を作り出すことを目標にして、漫画批評誌の発行、新たな形のイベント創出を活動の２つの柱とした。

役割分担としては、漫画批評誌『漫画新批評大系』の編集責任者が亜庭、同人誌即売会であるコミックマーケットの代表が霜月、米澤が両者のサポートを行うという形だった。一介の漫画ファンでしかないアマチュアに、いったい何ができるかという不安も当初はあったことだろう。

ただその結果として、現在のコミックマーケットがある。式城京太郎によれば、

式城　『迷宮』の結束がすごく固まったのは共通の敵が生まれたことで、それが漫画大会でした。以前からボランティアの警備係が官僚的というか、虎の威を借る狐というか、サングラスをして威張って非常に感じが悪かった。主宰者の側はまあ任せるよって程度だったと思うんですけど、そいつに象徴されるようなお役人的な雰囲気があって、それに対する反発があったんです。

（赤田祐一／ばるぼら「『迷宮』と初期コミケット」『20世紀エディトリアル・オデッセイ』所収、誠文堂新光社）

ここで出てくる「漫画大会」というのは、1972年に第1回が四谷公会堂で開催された「日本漫画大会」のことである。石森章太郎ファンクラブの創設者で会長の青柳誠《あおやぎまこと》ら、「ぐら・こん」の影響を受けた漫画ファンや漫画評論家が中心となって主催した。大会後には、継続開催を目指す恒常的な組織として、運営に参加した同人サークルを組織化した「漫画グループ連合」が結成されている。

この大会は、当時の「日本SF大会」の形式を模倣《もほう》したもので、スライド講演、著名漫画家の挨拶、漫画家や出版社の編集者などの登壇によるパネルディスカッション、「漫画ファン賞」の選定、漫画古書のオークション、同人誌販売を行い、後日、大会レポートも配布した。参加料は有料で、プロの漫画家や編集者など、商業漫画界の著名人と触れ合いの機会を持てるということが、開催側の訴求点であった。

ただし、集まった参加者は「ぐら・こん」によって全国に広まった漫画同人誌のムーブメントを反映し、全国各地の同人誌が入手できることを魅力に感じたという見方もある。

この漫画大会第3回大会では、参加者に対して警備員がヌンチャクで威嚇《いかく》するという事件が起きたり、オークション落札価格が高騰《こうとう》したりなどした。そこで参加者の1人が、1975年の第4回大会の参加申込時に運営姿勢の批判を添え書きしたところ、大会運営委員会がこれを理由に参加を拒否するという事件が起きた。

引用文中で式城が述べているように、この事件が契機となって、「迷宮」などが「漫画大会を告発する会」を立ち上げて糾弾《きゅうだん》した。また、同時期にコミックマーケットが始まって、参加者はほとんどそちらに移行したため、漫画大会は1981年の第10回大会をもって消滅することになる。

コミックマーケットの拡大と「迷宮」の解散

「迷宮」のグループとしての実質的な活動は、『漫画新批評大系』の発行とコミックマーケットの開催が両輪として噛《か》み合っていた、1975年から80年までというのが一般的な見方だろう。のちに霜月の代表辞任後、米澤がコミックマーケットの代表になり、亜庭は離れ、創作同人誌即売会「MGM」を主催することになる。

しかし、彼らはその6年間で漫画評論を活発化させ、『COM』以降の漫画の流れを集約し、同人誌即売会という漫画ファンによる、漫画ファンのためのコミックマーケットというメディアを創出した。このことが、『COM』以降のファンの活動の内容や意味を大きく変え、それを後世につないだ点が評価される。

コミックマーケットが「迷宮」を離れて、米澤嘉博代表のもとで自立の方向に向かうところから、現在のコミックマーケットへの道が見えてくる。前掲した『コミックマーケット創世記』では、次のように記している。

そしてマーケットという言葉にはいま一つ、広場としての含意もあることに僕らは気付いていた。人が出会い、交わり、新たな関わりが生まれる開放された空間。空間自体が何かを生み出すようなエネルギーをはらんだ場。米やんはむしろこちらの方に惹かれたようだった。

（霜月たかなか『コミックマーケット創世記』朝日新書）

実際、コミックマーケットに足を運んでみると、途方もない規模のイベントであるという実感が湧くだろう。毎回コスプレイヤーたちの数は増えているように思うし、相当数の外国人客も来場している。もはや日本の同人誌イベントは、国境を越えてしまっているといえよう。

振り返ると、1975年に開催された最初のコミックマーケットの会場は、東京・虎ノ門の日本消防会館会議室であり、委託・展示サークルが参加者のほぼ半数を占めていて、参加サークルが32、参加者は約700人だった。また、参加サークルの半分近くを「学漫」といわれた学校内の漫画研究サークルなどが占め、それに次いで、萩尾望都作品を中心とした少女漫画のファンクラブが多かったという。参加者も少女漫画ファンの女子中高生が大半だった。

その後、板橋産業連合会館、大田区産業会館、四谷公会堂、東京都立産業会館・台東館などを経ながら、参加サークル、参加者も増加していく。そのことで参加サークルや参加者の構成にも変化が生じ、「学漫」の比率は減少し、オリジナルの創作系が増え始める。

さらに、1974年放送開始の『宇宙戦艦ヤマト』、1979年放送開始の『機動戦士ガンダム』の大ヒットにより、アニメファンのサークルも目立ち始め、現在でいうオタクも参加者の中に増えてくる。

この時期に、コミックマーケットは「迷宮」の手から離れる。コミックマーケットが規模拡大するにつれ、売り手と買い手、作者と読者、ファン同士の交流も薄れ始めるという弊害も生まれたのだ。また、次第に二次創作物が増える傾向となり、オリジナルの創作物の比率が低下するという現象も見られるようになった。つまり規模の拡大とともに、コミュニティというよりは、商業的に偏重していったといえるだろう。

米澤がのちにコミックマーケットを「ハレの場」と位置づける認識の萌芽は、この時点で見られていた。霜月はのちに米澤の訃報《ふほう》を聞くまで、コミックマーケットとの接触は断っていた。

つまり、「批評活動」に燃える、志を同じくして集まった一介の漫画ファンたちが、コミックマーケットを作り、しかし規模の増大にともなって、それぞれの道を歩んでいくことになったわけだ。この流れは、様々なことを示唆してくれる。

同好の士が集まり、一種の共同体を作っていくプロセスの中で、その共同体の拡大によって、それぞれのポジションに変化が生じる。このパターンは、日常でも生じていることだろう。仲間と一緒に起業したり、組織化したりする局面でも、しばしば見られる。

最終的に、米澤だけがコミックマーケットとともに人生を歩むことになる。一サークルでしかなかった「迷宮」は解散することになったが、その結果、現在まで続く世界最大規模の同人誌即売会、コミックマーケットは残った。

日本のポップカルチャーにおいてコミックマーケットは、その存在抜きで語ることが、もはや難しいほどの存在だ。「迷宮」の活動は、ある種の奇跡のような出来事だったのかもしれない。ただ同好の士が集まって、権威に対して何らかの競合意識を持ち、新たな潮流を作っていくというのは、社会的に見てもとても重要なプロセスだろう。

また注目すべきは、先に取り上げた24年組が、「迷宮」やコミックマーケットにも多大な影響を与えたということだ。カルチャーは形を変えて継続する。いくつもの流れが、すべてではなくともコミックマーケットに集約されたという推測も成り立つ。

よく日本のポップカルチャーは承継が下手だといわれるが、このようなコミックマーケットのプロセスを見ていくと、決してそうではないと思う。見えないところですべてはつながっているのかもしれない。

小さな同好の集いから、巨大なマーケットへ

同人誌という「メディア」や、即売会という「イベント会場」といった場所以外に、「迷宮」の草創期においては、情報・意見交換の場所も存在した。

たとえば、コミックマーケット初期を題材にした著作物には、「コミュニティ」としての「迷宮」やコミックマーケットを論じているものも多いが、中にはもっと具体的な「場」として、メンバーの誰かの部屋に集まったというエピソードも見え隠れする。

『コミックマーケット創世記』には、アパートや、行きつけの喫茶店がそうした場所になっていたと記されている。前者は関係者個々のアパートであり、米澤が下北沢に借りていたハルミ荘もアジト化していたという。喫茶店では、新宿のカトレア、スカラ座などを使っていたらしい。

さて東京・新宿は紀伊國屋本店に近い地下2階に、かつて「マンモス喫茶」として知られた「カトレア」という店があった。天井は低く薄暗かったがその名のとおりとにかく広く、しかも何時間でも粘れるというので、大学のサークルなどがたまり場にしていた喫茶店である。

この店は筆者の記憶にもある。店に置かれているマッチが有名で、一本一本、炎の色が違うのが特徴だった。また同書には、「喫茶店が閉まったあとはハルミ荘に流れて夜明けまでしゃべりまくるというパターンが始まるのだが」とも記載されており、当時の生活行動が透けて見える。

（同前）

1970年代には、そうした形で人が集まることは、ごく一般的だった。不特定多数が交錯する場所ではなく、同じ目的を持った人々の集まる場所。今となっては古く感じるかもしれないが、当時はほかにそれほど多くの選択肢はなかった。

自宅や喫茶店での議論が原点にあり、そこから現在のコミックマーケットにいたったということは押さえておいていい。街の中に「点」がいくつも散らばっていて、そこからムーブメントが始まっていったわけである。

時代とともに、ウェブ空間の中に議論する場は無数に点在するようになり、買い物も実店舗に行く必要がなくなりつつある。リアルなコミュニケーションの場は、希釈《きしゃく》されていっているように思う。

しかし、現在でもコミックマーケットには、あれだけの参加者が集まるのだ。これは一つの驚きである。そして、会場のいたるところで、コミュニケーションは生まれている。この現象をどう捉えればいいのだろう。同じ趣味を持つ、嗜好性を持つという共通項の力には、改めて驚嘆せざるをえない。

草創期の小さな「点」が膨張して、巨大な「点」になった。さらに情報環境が大きく変化する未来に、コミックマーケットがどのような位置づけで存在するのか、とても興味深いところである。

ヤマハが創ったローカル基盤と「ポプコン」

アマチュアを人気ミュージシャンにした原動力

音楽グループ「オフコース」のボーカリストとして知られる小田和正《おだかずまさ》は、自叙伝の中で以下のように述べている。

実はぼくらは、ぼくらはというとオフコースというアマチュアバンドのことですけど、ずいぶん一所懸命、本当に一所懸命、音楽をやっていました。けれど、プロになろうなんて気は、これっぽっちも、マジで思っていませんでした。いよいよ就職のこともあるし、これ以上だらだらと活動を続けるわけにもいかない。ここいらが潮時ということで、コンテストに出て、それを最後の記念にして活動を終了しようと、そういうことになりました。

（小田和正『風のようにうたが流れていた』宝島社）

また、同じくメンバーだった鈴木康博《すずきやすひろ》は、『サンデー毎日』のインタビューで、以下のような発言をしている。

鈴木　最初のレコードを出してから2年くらいは全然、売れなかった。学生だったこともあるし、オリジナル曲もなくて、ヤマハで作曲やアレンジの勉強をしたり、アルバイトでギターを教えたりしながら、音楽で食べていくことはどういうことなのかと悩む日々でした。

（「奇跡の1970〜80年代、僕らには『ポプコン』があった！」『サンデー毎日』2016年3月6日号）

東芝系のレーベルに所属し続けていたオフコースは、ヤマハとは距離のあるイメージだったが、鈴木の発言は、コンテスト出場以降も、ヤマハとの何らかのつながりがあったことをうかがわせる。

オフコースが出場したのは「ヤマハ・ライト・ミュージック・コンテスト（LMC）」だが、ヤマハは「ヤマハポピュラーミュージックコンテスト（略称、ポプコン）」も開催している。1969年の作曲コンクールを起源として、1986年まで実施された。当初は音楽講師などのプロのための作曲コンクールとして、三重県「合歓の郷」で始まったが、第6回からアマチュア向けのコンテストになり、開催も年2回になっていった。

グランプリ受賞者には、レコードデビューと世界歌謡祭の出場資格が約束されていた。1970年代のニューミュージック全盛期に大きな影響力を持ち、注目もされたが、1980年代以降のバンドブームには対応しきれず、「BAND EXPLOSION」や「TEEN'S MUSIC FESTIVAL」などに継承されていき、2007年には「MUSIC REVOLUTION」へと変わっている。

ポプコンからは、井上陽水《いのうえようすい》、佐野元春《さのもとはる》、長渕剛《ながぶちつよし》、世良公則《せらまさのり》、玉置浩二《たまきこうじ》、中島《なかじま》みゆきなど、数え切れないほどの実力派ミュージシャンが輩出された。当時のスタッフによる以下のコメントが残っている。

簡単に言うと、YAMAHAがずっと音楽教室をやっていまして、その先生方、講師たちがポピュラー音楽を知らない。それではいけないというので、オリジナル曲の作曲をしなさい、ということを川上源一理事長が発言したのが始まりなんです。だから最初は、作曲コンクールとして始まっていて、1回目、2回目の応募者にはＹＡＭＡＨＡの音楽教師がいっぱいいたのです。それで、詞がないとポピュラー音楽の作曲ができないということで、プロの作詞家にも詞を提供していただいて、全国の講師に配布したのです。（略）
　ですから、もともとは社内向けイベントとして始まったんですよ。社内の音楽講師、教室の先生に向けたイベント。だから小規模なものだったんですね、合歓の郷のヤマハミュージックキャンプホールが会場（585席）ですから、本当に関係者とかそういう人しか行かなかったと思います。

（ヤマハ音楽振興会『ポプコンクロニクル』ヤマハミュージックメディア）

『ポプコンクロニクル』（ヤマハムック）

　このように、ポプコンは内輪向けのイベントから始まり、やがて方向転換をしていく。アマチュアのミュージシャンを巻き込み、社外に向けて情報発信もしていくことになる。まずは社内向けとして始まっていたことは、製造業で最初にプロトタイプを作ることに似ている。

方向転換した背景として、従来の楽曲制作の分業（作詞家、作曲家、編曲家、ミュージシャンがそれぞれいる）時代から、ミュージシャン自身が楽曲を自作する時代へと移行した点がある。

自作楽曲を演奏、歌唱するミュージシャンを、今でもシンガーソングライターと呼ぶが、これは1972年の吉田拓郎《よしだたくろう》のブレイク以降に一般化したといわれる。それ以前にもフォークミュージシャンなど、自作自演のミュージシャンは数多くいたが、吉田がメジャーでブレイクしたインパクトは大きかった。

特約店がローカル基盤を生成した

またこの当時、ローカルにもカルチャーの生成があった。伊奈正人《いなまさと》『サブカルチャーの社会学』では、岡山におけるサブカルチャーの勃興に寄与した人物へのヒアリングを中心に、自主制作映画サークルやライブハウスが取り扱われていて、カルチャー生成の基盤形成を考察している。

伊奈は、「かつての『地方のサブカルチャー』は、『ハンデ』をたくさん抱えていた。『地方を拠点』と言っても、活動の場を求めたり、『情報』をつかんだり、交流を持ったりということで、『中央』との往還は、欠かせないものだった」と述べており、東京とローカルの関係について、「中央」と「周縁」の枠組みの中で議論を行っている。つまり、「ヒト・モノ・カネ」以外にも、情報ですら「中央」に集まっていた実情があったのだ。

ポプコンのようなコンテストにも、ローカル個々に基盤が必要だった。幸いヤマハは楽器製造の企業であり、その販売網を全国に確保するために、ローカルの楽器店と特約店契約を行っていた。

たとえば、地方都市である北海道・旭川には、戦前から「町井楽器」という老舗《しにせ》楽器店があった。1923年創業で、1997年に惜しくも倒産することになるのだが、この楽器店の常連として、アマチュア時代の「安全地帯」のメンバーがいた。アルバイトとして雇われるメンバーもいたように、町井楽器のスタッフはバンドの面倒を見ていた。この町井楽器も、戦前からヤマハの楽器を販売するなど、ヤマハとの関わりが深い。

旭川には当時、ミュージックショップ「国原」の台頭や、小樽本社の「玉光堂」の進出という脅威があり、町井楽器はスタジオを作るなどの企業努力を行った。その流れで、アマチュア時代の安全地帯は郊外の永山に自分たちのスタジオを建て、楽曲制作に勤しむようになる。

また、1972年に創業したライブハウス「空想旅行館」は、数多くのアマチュアやプロのライブを企画し、やはりアマチュア時代の安全地帯や数多くのバンドがここで演奏した。

『旭川春秋』という地元情報誌の1976年7月号には、「アサヒカワ・若い即興詩人たち」というタイトルで、安全地帯をはじめ、地元で活躍しているミュージシャンが紹介されている。このことからも、当時の旭川には独自のポップミュージックシーンがあったことがよくわかる。

おそらくこの旭川の事例にあるように、地方都市においても、それぞれのカルチャーの基盤形成があったことは想像に難くない。ただ残念ながら、ほとんど記録に残されていないのだ。

あくまで一例としての旭川の音楽的胎動だが、こうした基盤があったことが、安全地帯による東京での成功物語に結実していく。また、安全地帯の成功によって、その後も旭川から東京に出て、成功を目指すミュージシャンも増えることになった。

この図式にも、東京との交流、交信という要素は外せない。文脈としては、やはり上京物語に当たるが、ポプコンがこうしたローカルの基盤と、東京でのデビューをつなぐ役割を果たしていたという側面は無視できない。

小説や漫画などの個人作業は場所を選ばないが、コストのかかる作業があったり、仕事を得るためにネットワークが必要であるコンテンツのジャンルに関していえば、今でもまだこの様相はつきまとっているように見える。

アマチュアリズムとシンガーソングライターの時代

楽曲制作の流れが変わる中で、各レコード会社は、マネジメント会社も挙げてのシンガーソングライターの発掘、売り出しにかかった。小室等《こむろひとし》、吉田拓郎、井上陽水、泉谷《いずみや》しげるの4人が自分たちのレコード会社「フォーライフ」を設立した1975年には、シンガーソングライターがレコード・シェアの4割近くを占有したとされる。

当初は、作詞家、作曲家が作るようなレベルの楽曲を、アマチュアが簡単に作れるわけがないと思われていたが、1970年代に才能あるシンガーソングライターが多く続いたために、一過性のものではなく、日本の音楽界の主流になっていったのだった。

ヤマハの第四代社長で、一般財団法人ヤマハ音楽振興会の創設者である川上源一《かわかみげんいち》は、『新・音楽普及の思想』のポプコンについての文章の中で、前段として当時の状況を眺めたあとに、「ところが、そのポピュラー音楽の世界というのはどうかというと、これはもう世の中でもっとも堕落したものの一つという側面を持っています」と商業音楽の世界を否定し、「ところがアマチュアはそういう要求に屈する必要はないし、もっと素直に自分の情緒を表現する自由が与えられていますから、ポピュラー音楽の革命というのは、アマチュアリズムの中からこそ出るべきだ、というのが私の考えなわけです」と述べている。

ここからも、アマチュアのための作曲コンクールであることに、力点が移ったことがわかる。また、川上は次のようにも述べている。

しかし、そうした「うたごころ」を、音楽という形にできるのは——つまり、演奏されることで具体的な音となり、それを聴いてくれる大勢の人たちがいるという形にできるのは、かつては一部の専門家だけだと思われていた。ポピュラー音楽というのは、音楽を神さまの世界から引きはなし、私達人間の世界へもってきて、みんなで友だち同士になって、気楽に楽しみましょうという音楽であるはずにもかかわらず、一部の専門家たちが作り、歌っていた歌を、多くのアマチュア達は、一方的に聴くだけだったのである。それではおかしいというのが、ポピュラーソングコンテストのように大規模な音楽普及活動をはじめたきっかけである。

（川上源一『子どもに学ぶ　親と教師のために』ヤマハ音楽振興会）

川上は、原点としてのアマチュアリズムを高く掲げているが、結果的にポピュラー音楽を扱う商業的なレコード会社の膨張に巻き込まれていったというのが実態であろう。川上の掲げた理念は、当時の音楽産業に対するアンチテーゼであったが、レコード会社ではなく、楽器を製造、販売するというヤマハの事業的性格からすると、こうした試みが営利性の高い音楽産業の一部に組み込まれていくのは必然である。ここにポプコンの理念と現実の矛盾があった。

「音楽の甲子園」は支部同士の競争をうながす

ポプコンと並行して、ヤマハはアマチュアバンドを対象とした前述の「ライト・ミュージック・コンテスト」、関西の「8.8 Rockday」や関東の「EastWest」、世界各国のアーティストを日本武道館に結集させた「世界歌謡祭」なども開催した。新たな音楽が生まれる土壌を整えるとともに、テレビとラジオの双方で展開した音楽番組「コッキーポップ」を通じ、コンテストで生まれた楽曲の数々を全国へと発信し続けた。

ポプコンのフローはというと、応募者はヤマハ特約店、もしくは日本楽器製造（旧社名）直営店から申し込む。選考を通ると、各支部に分かれたヤマハ音楽振興会の音楽普及係の管轄《かんかつ》になり、各地区大会予選会、各地区大会と出場していき、静岡県・つま恋での本選会、世界歌謡祭への出場といたる。

ポプコンは、「音楽の甲子園」ともいわれていたが、確かにフローとして、地方で勝ち上がり、徐々に中央の大会に出場するという形は似ている。たとえば北海道でいえば、旭川、函館などで予選会が行われ、地区大会は札幌といった具合であった。

ヤマハ音楽振興会の各支部は、1978年に設置された初期には、北海道、仙台、東京、浜松、名古屋、大阪、広島、九州に分かれており、つま恋に行けるミュージシャン数も各地区で違っていた。当初、東京、大阪が3組、仙台、浜松、名古屋、九州が2組、北海道、広島が1組だった。また特例として、各地区大会予選会、各地区大会が免除になる支部推薦の制度もあった。

ここで重要なのは、ミュージシャンがつま恋に出場するまでの選考には、ヤマハ音楽振興会の支部間競争の意味合いもあったことだ。支部スタッフは、それぞれの工夫で地方独自の試みを行っていた。

たとえば横浜店では、ミュージシャンが自由に集まれるフリースペースとして、「ポプコンハウス」を設けている。狙いは、ミュージシャン同士の情報交換の場を作ることだったという。

確かに現在と違って、携帯電話やインターネットによる情報交換の手段がなかった当時、メンバー募集も楽器店や練習スタジオの掲示板を活用して行うという手法が一般的だった。その意味で、「ポプコンハウス」は地元ミュージシャンの活動を活性化する機能を果たしたのだろう。同様に、横浜店の管轄として日吉センターがあり、そこにボーカルハウスも設けていたようだ。

慶應義塾大学工学部に1972年に進学した杉真理《すぎまさみち》のバイオグラフィによれば、軽音楽同好会「リアルマッコイズ」に所属し、この同好会でアマチュアバンド「ピープル」に参加、翌年には、竹内《たけうち》まりやもここに加わったとある。1974年には、第8回ポプコン関東甲信越大会にピープルで参加し、1975年にはヤマハ銀座店を中心に、デモテープ録《ど》りに勤しんだと記載されている。

このときにグランプリは取れず、やがてビクターからデビューする杉だが、アマチュア活動期において、ポプコンの存在は大きかったであろうことがうかがえる。

　筆者もヤマハ音楽振興会支部とは、北海道のFM放送局にいたころに付き合いがあり、支部大会やつま恋での本選にも同行したことがある。当初、ヤマハの札幌店は南3条西4丁目にあって、楽器以外にレコードも販売していた。また、練習スタジオも併設されていた記憶があり、その後、中島公園のそばに移転すると、ライブができるホールも併設された。

　このようにして、ポプコンを軸に、ヤマハの店舗にはミュージシャンたちが屯するようになる。次第に、ただミュージシャンを送り出すだけでなく、つま恋に出場しながらもレコードデビューまでにはいたらなかったミュージシャンなどが、支部の音楽普及係として雇われるなど、後進の面倒を見るシステムもできあがっていったようだ。

　筆者は実際につま恋の舞台裏において、各支部が仲間内で固く結束している雰囲気を感じ取ることができた。地方支部対抗のコンテストという色彩が強かったために、つま恋の打ち上げなどでも、支部ごとに固まっていた印象が強い。

　そこには、ヤマハ音楽振興会の各支部が、ある種のコミュニティ化していた実態が見える。ヤマハのスタッフも、アマチュアミュージシャンも垣根なく、その地域で志を同じくする者たちが集っていた場所だったのだ。

このコミュニティは、プロ志望のミュージシャンにとって、それぞれが自己実現を目指すための温床であり、情報交換、意見交換によってお互いを高める機能も付帯していたのである。そしてその場所では、プロデビューを目指す者だけでなく、いったん自分の夢はおいて、自ら将来有望なミュージシャンのサポートに回る者もいるなど、役割分担は多岐にわたっていた。

それは夢を具現化するための協創の場所であったのかもしれない。

音楽を媒介としたコミュニティ形成

さてポプコンが嚆矢《こうし》となり、1980年代に入るとこのような自作楽曲を行うミュージシャンのコンテスト、オーディションが百花繚乱状態になる。レコード会社、マネジメント会社が主体となって実施された事例が多いが、1980年代半ばを過ぎると、いわゆるバンドブームを下支えに、シンガーソングライターよりも、バンドが中心になっていく。

中でも注目されるのは、CBS・ソニー（現在のソニーミュージックエンタテインメント）が実施したオーディションであろう。同社は新人開発のため、SD（サウンドデベロップメント）構想を具現化していく。

1979年に第1回が実施された「CBS・ソニーオーディション」から、本格的にこの構想が強く打ち出されていった。主眼は各ディレクターが才能を見出したアーティストを育成し、レコードデビューを目指すことにあった。ポプコンが各レコード会社と契約をするのに比べて、「CBS・ソニーオーディション」のほうはレコード会社が母体なので、よりビジネスとしてはダイレクトであった。

たとえば、シンガーソングライター・五十嵐浩晃《いがらしひろあき》の場合を見てみよう。富澤一誠《とみさわいっせい》『あいつのモンタージュ』によれば、彼は当初はポプコンでの優勝を目指しており、予選会で最優秀歌唱賞を受賞。その後、北海道大会に進むことになる。

しかし、CBS・ソニーが1回目の「CBS・ソニーオーディション」を企画しており、札幌営業所から特約のレコード店に、有望なアマチュア・ミュージシャンの情報を提供してほしいという依頼が来ていた。

こうした経緯から、彼はソニーのオーディションにノミネートされ、そこで録ったデモテープが、CBS・ソニーの本社に届き、ディレクターがデビューに向かって動き出す。そのため、彼はポプコンの北海道大会は辞退することになり、結果としてソニーからデビューしている。

ＣＢＳ・ソニーは、１９８１年に新人開発に関してのローカル強化のため、ＳＤ北海道を設立、翌年にはＳＤ関西も設立している。そこには、デビュー後のミュージシャンだけでなく、アマチュアのミュージシャンも集まるようになった。当時のＣＢＳ・ソニーによるこうした動きも、ポプコンの支部のような機能を果たしていたのだろう。

ここまで見てきた「ポプコン」や「ＣＢＳ・ソニーオーディション」で重要なのは、音楽が媒介になっているということだ。ときに音楽は、都市の中に様々な場所を生んでいく。ライブハウスにミュージシャンが集まることも、コンテストを契機にミュージシャンがプロデビューすることも、当たり前のことではあるが、そうしたビジネス的な側面以上に、独特な「場」が育まれていた。

ポプコンに基づいたヤマハのローカル基盤の形成や、ＣＢＳ・ソニーによるローカル強化の動きは、同じ音楽という趣味を共有し、メジャーデビューを夢見る人々にとって、仕事以上の意味を持つ「場」を提供する機能を持っていたように思える。

これは、いわゆる「サロン」とは趣を異にするかもしれないが、そこに変数として音楽を代入したことによって生じた現象と捉えられるだろう。

「芸大」という場と映画監督の登竜門「ＰＦＦ」

芸術系大学の流れ

大学という高等教育機関もまた、「場」を創出することに寄与してきた。そこでは、大学の文化系サークルの持つ意味が大きい。

たとえば漫画でいうと、早稲田大学の漫画研究会出身者は、東海林《しょうじ》さだお、弘兼憲史《ひろかねけんし》、国友《くにとも》やすゆき、やくみつる、けらえいこ、安倍夜郎《あべやろう》、さそうあきら、など多士済々《たしせいせい》である。明治大学の漫画研究会は、かわぐちかいじ、いしかわじゅん、高田裕三《たかだゆうぞう》、五十嵐浩一《いがらしこういち》、片《かた》山《やま》まさゆき、などを輩出している。もちろん漫画研究会に所属していなかった漫画家のほうが数としては多いだろうが、それにしても驚くべきことであろう。

漫画だけではなく、小説、演劇、映画、アニメなどの世界においても、プロの世界への人材供給という面からすれば、大学のサークルの存在が不可欠である。あるいはサークルだけでなく、東京藝術大学をはじめとする芸術系大学も、数多くの人材を世に出してきた。

まず、東京藝術大学から見ていこう。東京藝術大学は、1949年に旧制の東京美術学校と東京音楽学校が統合して誕生した。旧制時代を含めても、日本の芸術教育の高等教育機関としては最高峰に位置づけられている。

東京藝術大学のルポルタージュである二宮敦人《にのみやあつと》『最後の秘境 東京藝大』は、二宮の妻が東京藝大生だということもあってか、とてもリアリティのあるものに仕上がっている。自由闊達というか、彼らの創造性は無限に広がっていて、かつ純粋な生き方をしているという点が印象的だ。

一般の大学とは違う空気感が、キャンパスにも流れているのだろう。筆者の身近に東京藝術大学を卒業した人は何人かいて、私見では社会的な協調性を持っている人が皆無ということもないが、確かに芸術系大学は東京藝術大学に限らず、同様の空気感を持っているような気はする。そこには紛れもなく、同好の士が集う場としての独自性があるに違いない。

東京藝術大学は、少なくとも外部からのイメージとしては、いわゆる「芸術」という括りの中でもいわゆるハイカルチャー（絵画、彫刻、クラシック音楽など）が中心に据えられてきたようには見える。

もっとも近年では、東京藝術大学もポップカルチャーを視野に入れ、大学改革を進めている。映像、アニメーション、現代アート、アート・マネジメント、カルチュラル・スタディーズなど、従来、東京藝術大学でメイン・ディシプリンではなかった周辺へと、積極的な拡大が見られる。時代の変化やニーズを掴んで対応するのも、高等教育機関の責務であるから、この流れは無理のないことに思う。

一口に芸術系大学といっても美術系、音楽系の2体系に分けられる。

美術系大学は、フランスのエコール・デ・ボザール・ド・パリ（パリ国立高等美術学校）の流れにあるといっていいだろう。この大学は17世紀に設立され、３５０年以上の歴史がある。絵画、彫刻、建築の分野で数多くの人材を輩出してきた、5年制の高等教育機関だ。カリキュラムは、画家と彫刻家育成の「絵と彫刻アカデミー」と、建築家育成の役割を持った「建築アカデミー」とに分類される。ドガ、ドラクロワ、アングル、モネ、ルノワール、シスレーなど、ここで学んだ人材は枚挙に暇《いとま》がない。

一方の音楽系大学は、フランスのコンセルヴァトワール・ド・パリ（パリ国立高等音楽院）をモデルとしているケースが多い。こちらも18世紀初頭に設立され、現在は5年制になっている。

漫画、アニメ、ドラマと大ヒットした『のだめカンタービレ』では、主人公が日本の音楽大学を中退して、コンセルヴァトワールに留学するという設定だった。日本の芸術大学においても、大なり小なりこの延長線に生まれている。

ただし、日本においては、国立大学で美術学部と音楽学部を設置している大学は、東京藝術大学だけであり、公立大学を入れても、愛知県立芸術大学、京都市立芸術大学、沖縄県立芸術大学の3大学だけである。

「日芸」にあった自主制作映画への熱

さて私立大学としては、日本大学藝術学部と大阪芸術大学も、美術系と音楽系の学科、専攻を設置している大学である。

まず日本大学藝術学部は、「日芸」と呼ばれ、日本大学のいち学部ではあるが、独立した単科大学のような印象もある。

写真家、漫画家、作家など、様々な人材を輩出してきた日芸の歴史は古く、1921年に東京・神田三崎町の法文学部内に美学科が設置され、1939年に現在のキャンパスがある江古田に移転した。大学のホームページによると、これまでの卒業生は約5万4000人、現在、江古田キャンパスでは8学科約4200人の学生が学んでいるとのことだ。

東京藝術大学とは違い、巣立った人材も、コマーシャリズムの世界で活躍する人が多いのが特徴かもしれない。現在は写真、映画、美術、音楽、文芸、演劇、放送、デザインの8学科で構成されている。卒業、中退者には綺羅星《きらぼし》のような人材が満載である。

日本のカルチャーは、日本大学藝術学部出身者が一端を担ってきたといって過言ではない。その中で、石井聰亙《いしいそうご》（岳龍《がくりゅう》）、長崎俊一《ながさきしゅんいち》、矢崎仁司《やざきひとし》、松岡錠司《まつおかじょうじ》など、1970年代後半から1980年代に在学していた映画監督を見ていこう。

ちょうど当時はインディーズムービー隆盛の時代で、「日芸」の面々以外にも、京都府立医科大学の大森一樹《おおもりかずき》、奈良高校の井筒和幸《いづつかずゆき》、早稲田大学の山川直人《やまかわなおと》、立教大学の黒沢清《くろさわきよし》、法政第一高校の犬童一心《いぬどういっしん》、福岡大学の緒方明《おがたあきら》などがいた。彼らはほぼ同年代といっていいだろう。

この背景には、ぴあが手掛けた「ぴあフィルムフェスティバル」の影響があった。略称はＰＦＦで、この映画祭はインディーズムービーのためのコンペティション「ＰＦＦアワード」と、国内外の貴重な作品を紹介する「招待作品」部門の２本立てで構成されている。

この端緒は、１９７６年に開催された「ぴあシネマブティック（ＰＣＢ）」だ。これが当時の新しい才能を紹介することになった。その翌年に「ぴあ展」というイベントの中で、インディーズムービーは上映され、それが事実上の第１回ＰＦＦとなった。

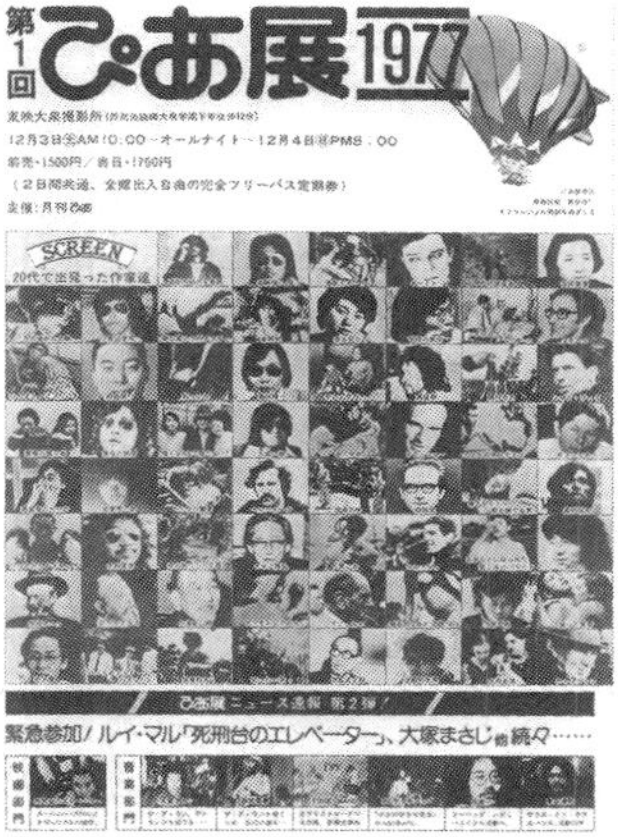

第1回「ぴあ展」ポスター

１９７０年代は、テレビの普及によって映画産業の衰退が著しく、松竹、東宝、東映といった大手映画会社による、自社で大量のスタッフを雇用し、作品を制作するという撮影所システムが崩壊していた。そのため、かつては監督の登竜門だった助監督の採用募集も激減し、映画監督になる夢を抱く若者たちは、８ｍｍ映画を自主制作することで、活路

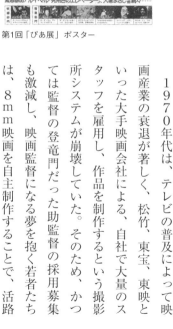

を見出す方向に向かった。当時、インディーズムービーは自主映画と呼ばれていた。

そんな中でＰＦＦは、自主映画を作っていた学生たちが、映画業界に向けてアウトプットを公開できる機会として機能した。藁《わら》にもすがるではないが、些細《ささい》なものでも可能性があれば、とにかくトライするしかなかった。それほどまでに、当時の映画界は狭き門だった。ＰＦＦとは、映画監督になるという自己実現のためのルートを確保する機会であり、そこでの成功の先にプロという道が待っていた。

映像系の仕事であれば、職業選択としてテレビという方向もないわけではなかったが、テレビの職に就く可能性も、それほど広く開かれているわけではない。また、「映画は映画であり、テレビとは違う」という一家言を持った学生も多かった。

ＰＦＦ入選というプロへのチャンス

「映画で飯を食う」ことを夢見る者にとって、ＰＦＦがもたらした「何らかのチャンスがつかめるかもしれない」という幻想の力は大きかった。実際に劇場映画を撮る映画監督となった大森一樹、石井聰亙、長崎俊一などは、この幻想を現実に転換した存在といえる。

この時期に日芸から多くの映画監督が育ったのには、このＰＦＦの存在が大きかった。

というのも、当然のことながら、日芸を卒業するだけで、映画監督になれるわけではないからだ。

たとえば、『家族ゲーム』などで知られる森田芳光《もりたよしみつ》は、在学中から自主映画制作はしていたものの、本気で映画監督を目指すのは大学卒業後である。映画監督になる端緒となったのは、森田が1978年に撮った8mm映画『ライブイン茅ヶ崎』が、第2回PFFで入選を果たしたことだった。同じ年の入賞者には、先の長崎俊一や石井聰亙もいる。

森田は、日芸の二年生のときに初めて8mm映画を撮り始めたが、当初は短編ばかりで、中編を撮るのはしばらくしてからだ。各大学の映画研究会が実施する上映会に参加していたという。

日芸を題材にした大下英治による『はみだすチカラ！ 日大芸術学部』でも、森田に触れているが、放送学科だったせいか、日芸の映画学科の面々と付き合っていたという記述はそれほど見えない。むしろ森田は、落語を題材にした商業用映画第1作の『の・ようなもの』に見られるように、大学時代には落語研究会に所属していたことで知られている。森田より少し下の世代の松岡錠司は、以下のように述べている。

松岡　そう。でもPFFで知り合った人に「石井聰亙の『爆裂都市』（1982年）のスタッフやんないか」って言われて。迷ったけど受けちゃったんだよね。だから大学一年の後半、9、10、11、12月とね、全部『爆裂都市』だったの。だからその間、大学も行かないで。（略）カメラの笠松《かさまつ》（則通《のりみち》）さんや阪本《さかもと》（順治《じゅんじ》）さんに出会ったのもあのときだった。

（武藤起一編『シネマでヒーロー監督篇』ちくま文庫）

つまり、当時は映画研究会や日芸映画学科という括りよりも、ＰＦＦで生まれたネットワークを中心に、個人個人が自分たちの制作チームを作り、そこで技術やノウハウを学んでいたように推察される。

松岡も１９８１年『三月』、１９８４年『田舎の法則』で、それぞれＰＦＦに入選している。前者は大学進学前、後者は日芸時代の作品であり、卒業後にいったん郷里に戻るが、１９９０年の『バタアシ金魚』で商業映画の監督を務めて以降、『きらきらひかる』『東京タワー〜オカンとボクと、時々、オトン〜』『深夜食堂』など、代表作の多い監督になっている。

また、当時の学生の話によれば、作品を撮影する際に、『ぴあ』でスタッフ募集も行ったので、チーム、映画の用語でいえば「○○組」といった雰囲気が色濃かったという。

では、芸術大学（芸術学科）という器の面ではどうだろうか。芸術大学は一般の大学に比べ、学生個々の創造性を具現化するために、カリキュラムがより直接的なものになっている。大学によっては、監督コース、脚本コース、撮影コースといった具合に分かれているので、内部のスタッフでチームを組むことも、それはそれであったようだ。専門性の強い授業や実習を通して、人間関係構築を行っていくことになるのだろう。

もっとも、日芸の映画学科と放送学科とはいくぶん距離があったそうで、これも「テレビと映画は別物だ」という主張が強かった時代の気分として理解できる。

逆に一般の大学では、サークルがその拠《よ》り所になっていた。また、サークル同士の交流は、他大学の同好の士と知り合う契機にもなっている。

新井洋輔《あらいようすけ》、松井豊《まついゆたか》による「大学生の部活動・サークル集団に関する研究動向」という論文では、「学生は、趣味やスポーツに関連したサークル本来の活動だけでなく、人間関係を求めてサークルに参加している。さらに、サークル集団に所属することは、集団本来の目的である、興味を満たし、技術を向上させる機能だけでなく、サークル集団で得られる友人関係や先輩後輩関係による人間関係的な機能も持つ」としているが、これは肌感覚としても理解できるだろう。

もちろん、体育会系と文化系では、環境、状況の面で、相当の差異は存在するだろうし、サークルの輪から逸脱《いつだつ》する者もいる点は指摘されているが、同好の士との人間関係構築に、サークルは一定の効用があるに違いない。

PFFの開催、芸術大学や映画サークルにおけるネットワークの構築。その背景には、斜陽化する映画の世界で、「飯を食っていく」という多くの若者の決意があったようだ。ゆえに当時の「日芸」をはじめとする自主制作映画のブームから、映画監督になる人材が育っていったのだろう。

大学生のうちに映画制作を実践するという試みの中で、コミュニティができ、それは先々にもつながっていくものだった。

郊外の牧歌的環境にある「大阪芸大」

ここでもう一つ、大阪芸術大学を見ていこう。その源流は1945年の平野英学塾までさかのぼれる。そこから発展して、1951年に浪速外国語短期大学が開校し、浪速芸術大学として設置された1964年が創立年となっている。1966年に現大学名に変更された。

現在は芸術学部に15学科を持つ総合芸術大学である。またほかに、通信教育部や短期大学部、大学院も開設している。学生数は2018年5月時点で5584人、日本大学芸術学部が同時期で3976名なので、いくぶん規模が大きい。

キャンパスは富田林市に隣接する河南町にある。最寄り駅である近鉄長野線喜志駅から徒歩だと40分前後の距離で、スクールバスなどを利用することになる。立地としては、練馬区という都市的環境にある日本大学芸術学部とは異なり、牧歌的な環境の中にキャンパスがあるといっていい。

大阪芸大出身で、脚本家の向井《むかい》康介《こうすけ》は『大阪芸大』の中で、「あんなに隔離された畑だらけのウェイストランドに4年間も放り出されたら、育つのはルサンチマンだけだ」と記述している。そして以下のように続ける。

確かに大阪芸大は一つの「村」だった。学問の中だけが大阪芸大ではない。僕らにいわせれば大学を取り囲む四方の町もまた大学の敷地だった。河南町を歩けば芸大生とすれ違い、コンビニに入れば芸大生が漫画を立ち読みしているし、レジで働いているバイトも芸大生だった。目につくアパートは学生寮か学生専用アパートで、石を投げれば本当に芸大生の頭に当たる。

（向井康介『大阪芸大――破壊者は西からやってくる』東京書籍）

同じく卒業生の中島《なかじま》らもにも、大阪芸大時代の自分について書いた文章がある。

たとえば、僕の一年下の学年には、たしか世良公則がいたはずである。学食で何度か見かけたような気もするが、面識はない。世良公則などは大学での四年間を懸命にバンドに注ぎ込んで自分を「何とか」したわけである。同じ大阪芸大の出ではタレントのキッチュだの南河内万歳一座の面々などがいる（南河内万歳一座はもともとは芸大のプロレス愛好会だったのが劇団に変身してしまったのだそうだ）。この人たちもモラトリアムの四年間できっちりと何かをつかんだ人たちなのだろう。それに比べると僕の四年間はまさにポカンと口をあけていただけの四年間だった。

（中島らも『僕に踏まれた町と僕が踏まれた町』集英社文庫）

要するに中島らもは、モラトリアム的な学生生活を送っていたということである。当たり前だが、すべての学生が創造の場を確保しているわけではなく、中島らもと同じく、なんとなしに過ぎていく時間に身を委《ゆだ》ね、ただ日々を送っていた学生もいることだろう。

そこには、牧歌的な校風であるがゆえに、東京藝大や日芸などとは、また違う空気が流れているのかもしれない。

ルサンチマンが外部への拡張につながる

さて、先の向井の著作には、OBへのインタビューも多数掲載されている。たとえば、ガイナックスの山賀博之《やまがひろゆき》だ。山賀は大学に入学し、アパートを探しに行く際に、同じ映像学科の学生であった庵野秀明《あんのひであき》と知り合う。そして、庵野によって赤井孝美《あかいたかみ》を紹介される。

山賀たちは1981年、第20回日本SF大会（DAICON3）のオープニングムービーを制作したことをきっかけにして作られた、「DAICON FILM」のメンバーとして、自主制作アニメ、映画に関わった。そこで、プロデューサーをしていた岡田斗司夫《おかだとしお》と知り合う。その後、バンダイの支援を受けて、『王立宇宙軍 オネアミスの翼』を制作するために、「DAICON FILM」を母体として、「ガイナックス」を設立するにいたる。

これは日本のアニメーションにおける一つの転機だったといえよう。既存のアニメ制作会社が市場を占拠する中で、新規参入による成功を果たしたという意味と、アニメ愛好者の新世代が、新たなアニメ文化を生んだという意味においてである。

『オネアミスの翼』の評価は賛否両論であったが、その後、ガイナックスは『エヴァンゲリオン』シリーズで一時代を築くことになる。

「フィクション」と銘打っているが、登場人物として彼らも実名で出てくる島本和彦《しまもとかずひこ》の漫画に、『アオイホノオ』がある。この作品は、大阪芸術大学（作中では、「大作家芸術大学」）の大学生が主人公であり、デビュー前の島本本人をモデルにした半自伝的な作品である。

ここで注目したいのは、大阪芸術大学内で生まれたコミュニティが、やがて外に向かって拡張していく点である。これは１９７０年代の「日芸」の映画学科において、ＰＦＦが外部との接点になったことと同様だ。コミュニティは拡張してこそ、自己実現に結びついていく。

島本和彦本人に手短に聞いたところ、当時、漫画の世界はまだまだ大御所の時代だったが、ゆでたまごに代表されるような真新しい作品性を持った新人が登場してきており、漫画家志望の学生としては、焦りに似た気持ちがあったという。学内では、大御所の作品は超えられないとか、いや越えられるとか、その手の議論を学生同士でよくしたらしい。こうした様子は、『アオイホノオ』にも色濃く反映されている。

人間関係が学内で完結していたような印象はないという島本の言葉からは、当時の大阪芸大においては、学内、学外問わずに互いを意識して、切磋琢磨する環境があったことがうかがえた。基本のコミュニティは学内にあったとしても、そこからはみ出していく勇気もまた必要だったのかもしれない。

島本和彦『アオイホノオ』（小学館）より

『アオイホノオ』では、主人公の「焦り」が顕著に描かれている。それは弱者が強者に対して抱く「妬み・嫉み」の感情である、いわゆる「ルサンチマン」といえるかもしれない。これは大阪郊外の周囲と隔絶した環境、「中央」である東京との距離感に起因していると考えてもいいだろう。

先ほど大阪芸大の立地について牧歌的と評したが、大阪の繁華街からも遠い閉鎖的な環境であること、メディアの中心である東京から遠いことが、ある種の焦燥感にもつながり、それが外部とのつながりを模索させ、また世に出ることを夢想する気持ちを高めさせたのかもしれない。

多くの芸術系大学の学生は、将来的な方向性があったうえで、入学にいたるだろう。専門志向の強い学生は、一般の大学に比べて多いことは想像に難くない。

本章では、ポップカルチャー育成の高等教育機関として、代表的な大学である日本大学藝術学部と大阪芸術大学を見てきた。双方に共通するのは、創作を生業にしたいという思いが強い学生が集まり、大学自体が一種のサロン的な場所になっている点である。

この傾向は芸術系のみならず、専門性の強い学部、学科にも共通するものだ。同じ興味、関心を持つ人々の集まりは、サロン化していく。そして図書室、研究室、実験室、部室などがベーシックな拠点になり、それに付随した場所も同様の機能を果たしていくことになる。

また、ＰＦＦのような外部とのコネクションも重要だ。外部の誰かが認めてくれて、そこが生業の入り口になる。大学の中で形成されたサロンからの脱出も、ときには必要なのかもしれない。

第二章

「都市」が育むコミュニティ

喫茶店「風月堂」「青蛾」を生み出す新宿文化

新宿文化を背景に隆盛した「新宿風月堂」

クラシック喫茶「新宿風月堂《ふうげつどう》」は、1960年代を代表する新宿の文化装置であった。1946年から1973年の営業で、今は存在していない。場所は現在の新宿三丁目、大塚家具新宿ショールームの場所にあったとされる。

奥原哲志《おくはらさとし》『琥珀色の記憶』によれば、1945年の暮れに世田谷区祖師谷大蔵で創業し、横山三郎《よこやまさぶろう》、正二《しょうじ》によって経営されたという。その後、新宿に進出し、1949年に改装してから客が定着し、満員御礼状態となる。

クリーム色のモルタル塗りの曲面が印象的な外壁、唐草《からくさ》状装飾や大きなガラス窓が美しいモダンな外観、90席の店内は、白い円柱が中央部に立ち、漆喰壁《しっくいへき》に彫刻が施され、様々な照明器具が、それらを照らす手の込みようだったという。

店内には膨大《ぼうだい》なクラシックレコードのコレクションがあり、客のリクエストに応じて音楽が流されていた。また、日本の画家の手による洋画や彫刻作品が何点も飾られ、終戦後の侘《わび》しい住宅事情や、他人との会話への欲求などが相まって、新宿風月堂には多くの客が集まるようになった。

その中には、瀧口修造《たきぐちしゅうぞう》、白石《しらいし》かずこ、三枝成彰《さえぐさしげあき》、三國連太郎《みくにれんたろう》、ビートたけし、野坂昭如《のさかあきゆき》、五木寛之《いつきひろゆき》、岡本太郎《おかもとたろう》、栗田勇《くりたいさむ》、岸田今日子《きしだきょうこ》、長沢節《ながさわせつ》、朝倉摂《あさくらせつ》、谷川俊太郎《たにかわしゅんたろう》、安藤忠雄《あんどうただお》、寺山修司《てらやましゅうじ》、麿赤兒《まろあかじ》、若松孝二《わかまつこうじ》、高田渡《たかだわたる》、蛭子能収《えびすよしかず》など、若き才能も集まっていた。

のちにノンフィクション作家となり、『サンダカン八番娼館』などを著す山崎朋子《やまざきともこ》は、ウエイトレスとして働いており、唐十郎《からじゅうろう》はそこで台本を書いていたという。まさしく風月堂は、文化装置として機能していた。

ここでいう文化装置とは、音楽を主体にした場のことだ。これは、江戸時代のお座敷、明治時代の公民館や、名士の自宅などで開催されていた蓄音器コンサートなどの延長線上にある。

現在では、都市部にも常設の野外ライブスペースが設置されているところもあるが、音楽は基本的には、屋内のスペースで流される。代表的なものは、ジャズ、ロック、クラシックなどの音楽喫茶、ライブハウス、クラブ、ホールなどだ。

新宿では、「ACB」や「ラ・セーヌ」など、ロカビリー喫茶の隆盛のあと、次々にジャズ喫茶が誕生していく。

ジャズ評論家の植草甚一《うえくさじんいち》が通っていたことでも有名な「DIG」が東口にできたのは、1961年。すでにこの時点で、「ポニー」「木馬」などが先行開店していた。ライブハウスの「ピットイン」が1965年、「DIG」の姉妹店に当たる「DUG」が1967年にオープンする。それから数々のジャズ、ロック喫茶ができていき、新宿駅東口から新宿御苑方面へと集積を見せていく。

また、映画館が林立し、花園神社ではアングラ演劇が上演されていた。1962年にオープンした「アートシアター新宿文化」は、ATG（日本アート・シアター・ギルド：非商業的で芸術的な映画を制作・配給した会社）の上映拠点であり、数多くの実験的な映画、演劇、舞踏が行われた。地下の「アンダーグラウンド蠍座《さそりざ》」でも、少人数スペースで実験的な演劇が上演されていた。

「時は60年代後半、新宿は夜眠らない街、怒れる若者たちの解放区だった」と、アートシアター新宿文化の総支配人だった葛井欣士郎《くずいきんしろう》は、自著『遺言』の中で述べている。当時の新宿は、1968年の10・21国際反戦デーの騒乱、1969年の西口フォークゲリラに代表されるように、日本の若者文化の中心ともいえる街になっていた。

店の空気と客層は時代によって変わりゆく

立川直樹《たちかわなおき》『TOKYO1969』では、寺山修司が率いた劇団「天井桟敷《てんじょうさじき》」で、音楽を担当していたJ・A・シーザーが、以下のように述べている。

新宿駅の東口前のさほど大きくない芝生のエリアは〝グリーンハウス〟と呼ばれていて、しばしば待ち合わせの場所に使われていたし、その名の通り、そこで夜を明かす人間も少なくはなかった。

そして〝グリーンハウス〟を扇の要のようにして、〝たまり場〟とも言える何軒かの店が点在していた。〝チェック〟に〝ジ・アザー〟、〝風月堂〟、その後にアリスのドラマーになるキンちゃんが働いていた〝汀〟、〝ヴィレッジ・ゲート〟に、〝DIG〟、〝木馬〟……。

（立川直樹『TOKYO1969』日本経済新聞出版社）

J・A・シーザーが捉える風月堂は、1960年代末のものだ。天井桟敷の関係者として、当時の新宿における空気を示している。70年安保前夜ともいえる時代である。また、舞台演出家で編集者の津野海太郎《つのかいたろう》も、風月堂について言及している。

そのころ新宿には、インテリや芸術系の人間が利用する喫茶店が二つあった。一つは中央通りの風月堂で、天井からさがった大きなモビールがゆっくり揺れる店内に、とんがった、どこか正体不明風の連中（その代表が劇団四季にいた俳優の天本英世である）が、ちょっと気どった感じでたむろしていた。

そしてもう一つが、新宿駅のほうから行ってコマ劇場の道をはさんで右側の角にあった蘭。どちらかといえばビジネス用の店で、いつ行っても、店内で編集者が作家と打ち合わせをしたり、映画関係の人たちがロケハンの相談か何かをしていた。学生時代はその気になって風月堂に通っていた私も、大学を出ると蘭を利用することのほうが多くなっていたのである。

（津野海太郎『おかしな時代――「ワンダーランド」と黒テントへの日々』本の雑誌社）

つまり津野にとっての風月堂は、学生時代の行きつけであって、ビジネスを始めてからは場所が変わったということだろう。これもＪ・Ａ・シーザーが言及した時代とほぼ同時期の空気だろう。「どこか正体不明の連中」という言葉が、風月堂の性格の一面を示している。

音楽喫茶以外の喫茶店、歌舞伎町やゴールデン街に集積するバーや飲み屋で闘わされる議論の数々も含めて、新宿という都市空間は、のちに世に出る多くのアーティストたちを生み出した。

たとえば、ピットインで渡辺貞夫《わたなべさだお》、日野皓正《ひのてるまさ》、山下洋輔《やましたようすけ》などが演奏し、ＤＩＧに評論家の植草甚一、岩浪洋三《いわなみようぞう》、イラストレーターの和田誠《わだまこと》、矢吹申彦《やぶきのぶひこ》、写真家の内藤忠行《ないとうただゆき》などが集まり、またジャズ専門誌『スイングジャーナル』の編集者なども顔を見せていた。

「その『風月堂』という店には、オレみたいに人生を切っちゃったやつが当時多かった。作家、芸術家のタマゴみたいなのも大勢いたよ。ヒッピーみたいなのがね」と自伝エッセイ『新説「たけし！」』でいうように、ビートたけしも二年生ごろから大学には行かなくなり、「風月堂」「びざーる」「ヴィレッジ・ゲート」「ヴィレッジ・ヴァンガード」「ジャズ・ヴィレッジ」などに出入りしていたとたびたび記している。

１９６４年の東京オリンピック時には、海外から来る観光客向けガイドブックでも、「日本のグリニッジ・ヴィレッジ」と紹介され、また海外から来る若者の間でも「Fugetsudo」は、知名度が高かった。

それがやがて、新左翼の活動家や学生も出入りするようになり、一時期は「べ平連（ベトナムに平和を！市民連合）」の活動家の姿もしばしば見られた。さらに、第一部で触れた永島慎二の代表作『フーテン』の中に登場するような人物も出入りするようになると、かつての芸術志向の喫茶店とはずいぶんと趣が変わっていった。

それにともない、常連客も店を離れていくようになり、1973年に戦後の新宿文化の象徴であった風月堂は、閉店へといたるのである。

映画関係者が集った大人の社交場「青蛾」

「青蛾《せいが》」も新宿の文化を育み、やがて消えてしまった喫茶店である。新宿三越の横道を入った路地にあった。2階建ての木造で、山荘風の外観、内装だった。写真を見ると1階の出窓のすりガラスにある蛾の文様が印象的な店だ。

木の扉を開けると2階に上がる階段が目の前にあり、1階の床はレンガが敷き詰められていたようだ。座布団の載った長椅子や鉄瓶を乗せた囲炉裏《いろり》があった。入り口や階段付近に飾られていた竹久夢二の版画が、より一層、店を印象的にしていたという。
戦後間もない1947年に、露店やバラックの立ち並ぶ新宿で「青蛾」は誕生した。開店当時はまさに敗戦後の混乱期で、東京大空襲によって、新宿も三越、伊勢丹などのコンクリートづくりの建物を残して、駅周辺は焼け野原同然だった。
区画整理によって、最初の店から隣接地に移転したのが1950年。マスターの五味《ご み》敏《とし》郎《ろう》は戦前、映画制作の仕事に従事していたが、かねて画家を志しており、終戦を機に退職し、絵を描くための自由な時間が取れる仕事として喫茶店を開業した。

新宿の日活の裏にあるこのお店へ初めて連れて行かれたとき、何だかおよそ新宿らしくないのに驚ろきました。黄色くなった障子紙に「青蛾」と墨で書かれた古びた木の扉を押すと、薄暗い店内で一番先に眼に入るのがイロリの自在鉤でした。レンガを積んだイロリに黒光りする自在が鉄ビンをぶら下げています。上の壁に埋まった柱、その柱にかかったボンボン時計を見上げながら、お煎茶《せんちゃ》でようかんをつまんでいると一瞬ふと飛騨高山あたりの田舎家で休んでいるような気分になります。

（「奥原哲志『琥珀色の記憶――時代を彩った喫茶店』河出書房新社）

と、常連客だった映画監督・谷口千吉《たにぐちせんきち》の夫人、女優の八千草薫《やちぐさかおる》は述べている。

青蛾には、風月堂と同様に多士済々の客が足繁く通っていた。谷口千吉が通っていた時代には、映画監督の出目昌伸《でめまさのぶ》、俳優では稲葉義男《いなばよしお》、佐藤英夫《さとうひでお》、作家の神吉拓郎《かんきたくろう》、五木寛之、詩人・劇作家の寺山修司、洋画家の中西夏之《なかにしなつゆき》などがいた。この時代は映画の全盛期で、小田急、京王沿線には東宝、日活、大映の撮影所があり、新宿には多くの映画関係者が出入りしていた。また監督や俳優だけではなく、制作関係のスタッフもよく通ってきていたという。

その後は、俳優の加藤剛《かとうごう》、桜木健一《さくらぎけんいち》、本田博太郎《ほんだひろたろう》、中村雅俊《なかむらまさとし》、写真家の高梨豊《たかなしゆたか》、大倉《おおくら》舜二《しゅんじ》、ノンフィクション作家の高見澤《たかみざわ》たか子、評論家の川本三郎《かわもとさぶろう》、作詞家の松本隆《まつもとたかし》、彫刻家の篠原勝之《しのはらかつゆき》、画家の林静一も訪れていた。

重なる常連客も多いが、「風月堂」はトレンドを作ったり、前衛的、挑戦的アプローチを取る文化人が多く、「青蛾」は「大人」の文化人が集まっていたといえよう。

林静一は『僕の食物語 1945-1997』で、次の記述を残している。

2階にも4つほどの席があり、ぎしぎしと音を立てる構造の階段を上ると、左側の窓際に長椅子が備え付けてあった。長椅子といっても縁台のような造りであるが、そこへ客が途絶えた午後、寝そべって、窓に吊《つる》した風鈴の音を聞きながら昼寝するのが好きであった。これが、新宿の三越の裏だとは思えないほど情緒があったのである。

（林静一『僕の食物語1945-1997』フレーベル館）

林にとっては、青蛾は大きく変化していく新宿に残された、安らぎの場であったのだろう。

しかし、青蛾は1987年に惜しまれつつ閉店し、五味敏郎の娘によって2017年に東中野で再開するという道筋をたどる。

「セレンディピティ」を創出する新宿の猥雑さ

吉見俊哉《よしみしゅんや》『都市のドラマトゥルギー』では、新宿は京王線、小田急線の発着する場所になったことで、戦前から新興勢力として賑《にぎ》わいを見せ、戦後の復興期にはターミナル駅としてのポテンシャル以上に、場所の性格が反映された発展をしたと見ている。

江戸時代の宿場町としての性格は、現在でいう風俗街として継承されており、「ゴールデン街」もその流れだろう。ゴールデン街は、もともとは新宿駅東口にあった闇市を、1950年代に入って東京都が撤去しようとした際に、当時都電沿いの土地であった場所に替え地として移転してきたところから始まる。

当時は繁華街から離れた場所ということもあり、ほとんどの店が飲食店の名目で、赤線まがいの営業をしていた。風俗営業法の許可を取らないもぐり営業であるため、俗称で青線と呼ばれた。歌舞伎町付近には、これ以外にも青線が集まっており、都内でも有数の売春街であった。

こうした戦後の闇市が、混沌とした新宿という都市空間の発端だったのかもしれない。新宿が猥雑《わいざつ》な妙味を醸し出していたことは、無秩序で、自由な空間イメージを形作ることにも寄与したように思える。

また、新宿という土地の性格を考えるときに、中村屋や紀伊國屋書店による文化装置にも目を向ける必要がある。

戦前に、「中村屋」創立者である相馬愛蔵《そうまあいぞう》・黒光《こっこう》夫婦は、新宿に出店した中村屋の裏に、アトリエを作った。そこには荻原碌山《おぎわらろくざん》、中村彝《なかむらつね》、中原悌二郎《なかはらていじろう》、戸張孤鴈《とはりこがん》などの芸術家が出入りし、インド独立運動家のラス・ビハリ・ボースを、国家主義者・頭山満《とうやまみつる》の依頼で匿《かくま》ったりもしていた。妻の黒光も、荻原碌山のパトロンであり、ロシアの盲目の詩人ヴァスィリー・エロシェンコの庇護《ひご》もした。彼女は「中村屋」というサロンにおける、女主人といえるだろう。

「紀伊國屋書店」創業者の田辺茂一《たなべもいち》は、戦前には、小学校の同級生だった小説家、舟橋聖《ふなはしせい》一《いち》らとともに、同人誌『文芸都市』を創刊しており、戦後は紀伊國屋ビルに演劇ホールを作り、紀伊國屋演劇賞を創設するなど、文化事業に傾注した。また、落語家の立川談志《たてかわだんし》に目をかけるなど、パトロン的な存在でもあった。

新宿は、戦前からこのような文化装置を持ちながら、発展していた土地でもあった。そんな新宿に居並んだ喫茶店は、文化的な空気感を漂わせながら、人々が時間を過ごす空間として成立してきた。

そこは喫茶店である以上、固定客や常連客はいながらも、流動的な客層が加わることになる。その点で、「トキワ荘」や「大泉サロン」とは別の類《たぐい》の場であり、偶然の出会いが数多く生じる場であったといえるだろう。

「セレンディピティ」という概念がある。たとえば、アルキメデスが浴槽からあふれるお湯を見て、比重の概念を発見したのも、ニュートンがリンゴが木から落ちるのを見て、重力を発見したのも、偶然の産物だ。これが「セレンディピティ」である。

もともと18世紀の小説家、ホレス・ウォルポールが書いた童話『セレンディップの3王子』に由来する。セレンディップとは、現在のスリランカ（旧国名セイロン）のことで、物語はセレンディップの王国時代に、3人の王子が見聞を広めるために航海に出て、暴風雨や海賊など、当初は予期していなかった災難に次々に遭遇しながら、困難を極めた旅から無事帰国するという物語だ。

商品開発の領域では、ポスト・イットやコカ・コーラなどが、「セレンディピティ」の例としてよく挙げられる。

1969年にスリーエム社の研究員が、強力な接着剤の開発に着手するもなかなかうまくいかず、失敗作の中に、よく吸着するが、簡単に剥がれるものができてしまった。しかし、それを見た別の研究員が、「讃美歌のしおり」として使えるのではないかと思いつき、それを付箋《ふせん》やメモ用紙として製品化するようになった。こうしてポストイットが生まれた。

コカ・コーラも同様に、禁酒法の時代に薬剤師のJ・ペンバートンが、酒の代わりになる代用飲料、モルヒネやアヘン中毒の治療にも使える薬用飲料の開発を目指していたところ、水の代わりに間違って炭酸水を使ってしまったが、それが意外と美味《おい》しかったので、一般の清涼飲料として商品化したとされる。

この2つの事例に共通するのは、変化に気がつき、新しい価値観、この場合は市場の需要を受け入れる力があったということだ。

もちろん、実際にセレンディピティが起きる場を用意するには、現場で数多くの試行錯誤《しこうさく》が必要であり、偶然生じた反応を冷静に見極め、見落とさないことが肝要である。ただ、人と人との出会いは、モノや現象との遭遇ではなく、もっと有機的なものである。

ユルゲン・ジェベラ『ベルリンのカフェ』によると、1920年代のベルリンのカフェでは、画家、作家、詩人、評論家、ジャーナリストなどが日々集まり、「創造的精神の待合室」と評されているほどだったという。そして、そんな彼らと偶然出会うために、多くの画家志望、作家志望の若者が、コーヒー1杯で1日中粘ったという。もちろん、常連客同士で議論や情報交換をする場としても機能していたに違いないが、筆者が注目するのは、むしろ偶然の出会いの場としての喫茶店である。

また、たとえば、ドイツを代表する児童文学作家であるエーリヒ・ケストナーには、ベルリンにお気に入りのカフェがいくつかあった。出世作ともいえる1928年刊行の『エミールと探偵たち』を執筆する際に、彼が利用していたのは「Café Carlton」で、このカフェのことを彼は、「才能の待合所」と呼んだという。言い得て妙な、的確な表現である。

おそらく1960年~70年代の新宿の喫茶店も、こうした要素をはらんでいたに違いない。

常連客と住宅事情が音楽喫茶を育んだ

しかし、常連客が多い喫茶店には、なかなか新規の客は入りにくいものだ。マスターやオーナー、そして常連客がゲートキーパーになる。自然と客はセレクトされていったのだろう。

「風月堂」や「青蛾」では、オーナーやマスターというより、常連客の存在のほうが、このセレクトの面では大きかったのではないかと思う。これは筆者の経験であるが、1980年代の新宿ゴールデン街のバーなどでは、映画関係者が集まる店には、テレビ関係者は行きづらいというように、特定の店に特定の業種の人々が集まる傾向があった。常連客による同様の空気が、「風月堂」や「青蛾」にもあったであろう。

現在でも、常連客や地縁でつながった客を重視する店では、新規客が増えることで常連客にとって居心地が悪くなり、客層が入れ替わることを嫌って、観光ガイドブックなどへの掲載を拒否する店もある。

チェーン店が主流になって以降、誰でも簡単に敷居を跨《また》げる店は増えた。楽にはなったが、物足りない客も多いことだろう。これは喫茶店やカフェのみならず、他業態の飲食店にも通底するところで、ラーメン屋、はたまたライブハウスの類でも、かつていた「名物親父」「頑固親父」のようなオーナーは姿を消しつつある。もちろん、個性的なオーナーの魅力によって流行っている店もあるが、かつてほどの空気感ではないだろう。

1960年代から70年代の空気感は、時代が醸成したものだと思われる。当時は、インターネットもスマホもない。コミュニケーション手段の選択肢が少なかったために、直接、話をするということがコミュニケーションの大前提になっていた。せいぜい関係を維持するツールとして、手紙や電話という手段を使う程度だった。

また、時代背景としての大きな鍵は、学生紛争にあったと思う。先鞭《せんべん》をつけたのは、1968年のフランスで起きた「五月革命」と呼ばれる大学紛争だというのが定説になっているが、日本においては1967年の羽田闘争が、学生運動の素地としてあった。

紛争の原因は多様であり、学問、教育、研究、大学自治のあり方、中には社会体制の変革、国家権力の打倒まで標榜《ひょうぼう》するものもあった。象徴的な事件は、1969年の東京大学・安田講堂を占拠した全共闘を、警視庁機動隊が強制排除した安田講堂事件であり、学生運動はその前後に日本大学、立命館大学をはじめ全国に拡大していった。

そこで当時の佐藤内閣は、大学運営臨時措置法の施行に踏み切った。これに反対する紛争が起きた大学は、全国で77校を数えた。しかし、同法の効果もあり、次第に鎮静の方向に向かうことになる。先述した通りこの時期には、風月堂にも活動家の姿が散見されたという。

クリエイターたちも政治関係の議論をすることが多く、現在のような一見、安穏とした社会状況とはいくぶん趣が違っていた。ノンポリを志向する学生であっても、学費値上げ闘争に巻き込まれることはあり、ロックアウトされて校舎に足を踏み入れることができなくなったり、立て看板や旗の乱立する殺伐《さつばつ》とした大学構内を歩いていたりする時代である。

大学の周りに公安関係者が潜んでいたり、アパートを借りる際には大家から学生運動参加者であるか否かを問われたりすることもあったという。こうした状況下では、喫茶店は大事な居場所であったのであろう。

また、当時の東京をはじめとする大都市には、地方から流入してくる大学生など、若者が多く、その大半はアパートを借りて住んでいた。ジャズ喫茶やロック喫茶が多かった背景には、住宅事情も関連している。

学生で鉄筋コンクリートのマンションに住んでいる者はまだ少なく、1973年のかぐや姫のヒット曲「神田川」の歌詞「三畳一間の小さな下宿」は極端な例かもしれないが、少なくとも間借り、下宿、せいぜい木造モルタルアパートだった。当然、風呂はないので、銭湯も重要な都市装置として機能していた。

つまり現在と比べると、ずいぶんとお寒い住環境に居住していたのである。隣の部屋との壁も薄く、折角、アルバイトなどでお金を稼ぎ、ステレオセットを購入しても、大音量でスピーカーから音を出せなかった。もしそんなことをすれば、隣人だけではなく、大家からもクレームが来る羽目《はめ》になる。

それゆえに、音楽を心から楽しみたい者は、都心部にあるジャズ喫茶やロック喫茶に足を向けることになった。そうした背景が、当時の音楽文化の向上に寄与したことは否定できない。

近年では、この時代の喫茶店を彷彿《ほうふつ》とさせる復古調の喫茶店も、散見されるようになってきた。しかし、見た目は復古調であったとしても、そこになかなかコミュニティは発生していないようだ。

コミュニティを構築することを目的とした喫茶店も見受けられる。コミュニティ・カフェと呼ばれるが、かつてのコミュニティは自然にできたものであり、意味合いが違うものののように思われる。どこかの時点で喫茶店から、コミュニティは消失したのだろうか。

筆者もご多分に漏《も》れず、チェーンの喫茶店に足を運ぶことが多い。たいてい1人で行き、コーヒーを頼み、自分だけの時間を楽しむ。その空間には、会話の断片すらあまり聞こえてこない。周りを見ていると、ほとんどの人がスマートフォンと向かい合っている。

確かにスターバックスなどチェーン店が登場して以降、オーナーの影が濃い喫茶店は少なくなった。会話を楽しむためというよりも、飲食つきの貸しスペースといった空間になっている。

「中央線文化」とサブカルチャー

中央線沿線に学生が多く住む理由

ここまで新宿を見てきたが、「中央線文化圏」という言葉があるように、中央線には文化装置が豊富にそろっているイメージがある。まず、中央線がいつ走ったのかについて言及しよう。

中央線の原型が生まれたのは、1889（明治22）年の甲武鉄道の開業にさかのぼる。このときは、新宿駅─立川駅間で開通した。同年に、立川駅─八王子駅間も開通、御茶ノ水駅までの延伸は、1904年のことになる。そして1906年に甲武鉄道御茶ノ水駅─八王子駅間が、鉄道国有法により買収・国有化された。この時点では、御茶ノ水駅─篠ノ井駅間の鉄道となる。

この鉄道が国有化された時期以降、東京には変化が現れ、いわゆる大正デモクラシーの時代が到来する。特筆すべきは、「サラリーマン」の誕生であろう。高級官吏《かんり》、軍人、そしてサラリーマンというホワイトカラー層が、時代を担っていくことになる。

1928年の前田一《まえだはじめ》『サラリマン物語』には、「サラリマン、それは—俸給生活者、—勤め人—月給取り—洋服細民—そして腰弁、—とその名称が何であれ、正体を洗えば、『洋服』と『月給』と『生活』とが、常に走馬灯のように循環的因果関係をなして、とにもかくにも『中産階級』とかいう大きなスコープの中に祭り込まれている集団を指したものに違いない」と定義づけされている。

中央線沿線は、そのサラリーマンが多く住むエリアになり、軍人でいえば、高円寺は尉官の町、阿佐ヶ谷は佐官の町、荻窪は将官の町と呼ばれたりもしたそうだ。ここからは、東京の人口が西の方向に増加していった様子がうかがえる。

高等教育機関の誘致《ゆうち》が始まったのも、この時代だ。新宿の角筈《つのはず》にあった東京女子大学が、井荻に移転したのが1924年。成蹊学園（現在の成蹊大学など）が、池袋から吉祥寺に移転したのも1924年。関東大震災で校舎が倒壊した、一橋にあった東京商科大学（現在の一橋大学）が、国立に移転したのが1927年。帝国美術学校（現在の武蔵野美術大学、多摩美術大学）が、吉祥寺に開校したのが1929年。やはり震災で五番町の校舎が全焼した女子英学塾（現在の津田塾大学）が、小平に移転したのが1931年、という具合である。

つまり、東京は西へと発展していき、サラリーマン層、学生層の増加がそれを下支えしていくことによって、中央線沿線の独自文化の萌芽につながっていく。その結果の一つが、井伏鱒二、太宰治《だざいおさむ》などが集住した「阿佐ヶ谷文士村」であろう。井伏鱒二は、『荻窪風土記』でこんなことを書いている。

> 新宿郊外の中央沿線方面には三流作家が移り、世田谷方面には左翼作家が移り、大森方面には流行作家が移つていく。それが常識だと言ふ者がゐた。（略）
> 荻窪方面など昼間にドテラを着て歩いてゐても、近所の者が後指を指すやうなことはないと言ふ者がゐた。貧乏な文学青年を標榜する者には好都合のところである。
>
> （井伏鱒二『荻窪風土記』新潮文庫）

サラリーマンによる地域経済発展への貢献もさることながら、文化的な寄与を見ていくと、注目すべきは学生層の増大だろう。中央線は、交通インフラの発展により、都心部の学生の居住地にもなっていく。明治大学、法政大学、中央大学などは、中央線の東側にあり、地方出身学生がそこよりも安価な居住スペースを確保するためには、新宿以西が好環境だった。

隈研吾《くまけんご》、清野由美《きよのゆみ》『新・ムラ論TOKYO』では、中央線文化に言及している。以下は、高円寺に安めのアパートやワンルームマンションが多いことに着目しての会話である。

隈　建物の中央に共同の玄関があって、左右に六畳とかの部屋が並んでいる形式ですね。本郷とか早稲田とか、昔の学生街によくあった作りですね。

清野　そのような受け皿を温床に、地方から出てきた学生やフリーターが、最初に一人暮らしを始める町なんですね。中央線沿線というのが、また大学や専門学校の多いところですし。

（隈研吾、清野由美『新・ムラ論TOKYO』集英社新書）

また、ライブハウス「ロフト」の創業者・平野悠《ひらのゆう》は、機関誌『ROOF TOP』で、次のように述べている。

中央線文化発信が盛んだった70年代〜80年代初期には、三寺文化（高円寺・吉祥寺・国分寺）といって、数多くの文士やミュージシャン、芸人、漫画家がこの沿線には棲息していたんだ。フリージャズの大御所・山下洋輔さんや矢野顕子《やのあきこ》さんは荻窪に住んでいたし、はっぴいえんどの面々は福生に住みついた。中川五郎《なかがわごろう》、高田渡、友部正人《ともべまさと》、シバ、南正人、三上寛《みかみかん》とかの中央線フォークの連中は、吉祥寺のぐゎ《ママ》らん堂にたむろしたり、小さいけれどヒッピー文化の流れをくんだ自給自足なコミュニティを作っていた。特にこの辺（中野、高円寺、阿佐ヶ谷、荻窪、西荻、吉祥寺）は、ジャズや古着、古本なんかの素晴らしい情報を発信し続けていた。『名前のない新聞』なんて吉祥寺発のロック系ミニコミもあって、それが僕ら若者文化を代表していたのかな。

（LOFT PROJECT『ROOF TOP』2008年2月号より）

カルチャー好きの若者が居住する「高円寺」

平野が述べるように、中央線文化の一つの象徴は音楽だった。筆者の学生時代には、吉田拓郎の「高円寺」という曲が注目され、地方から上京した学生の憧れの場所になっていた。その後もミュージシャンが住み続けた。

この背景には、１９７０年代に新宿を中心に、フォークソング、アングラ、サイケなどのカウンターカルチャーのムーブメントが起き、彼らの居住地として高円寺近辺が最適だったからだろう。

喫茶店「七つ森」は、上京した学生たちのたまり場になり、さらにジャズ喫茶やロック喫茶、古書店、小劇場などが駅周辺に集積していった。こうして高円寺周辺は、新たなカルチャーの温床となっていく。音楽雑誌『ミュージック・ステディ』の編集長・市川清師《いちかわきよし》は、ウェブ連載のコラムで以下のように述べている。

歴史に〝もしも〟はないが、もしも高円寺のロック喫茶「ムーヴィン」で、伊藤銀次《いとうぎんじ》と駒《こま》沢《ざわ》裕城《ひろき》が山下達郎《やましたたつろう》のアマチュア時代の自主制作盤「ADD SOME MUSIC TO YOUR DAY」を聞いていなければ、大滝詠一《おおたきえいいち》と山下達郎の出会いはもう少し先のことになり、シュガー・ベイブが大瀧《ママ》のナイアガラ・レーベルから出ることもなかっただろう。

（「高円寺『ムーヴィン』から始まった伊藤銀次⇒山下達郎⇒大滝詠一⇒佐野元春へと繋がる縁とは？」『大人のミュージックカレンダー』２０１５年8月26日配信より）

この喫茶店「ムーヴィン」のオーナーである和田博巳《わだひろみ》は、その後、ロックバンド「はちみつぱい」にベーシストとして参加し、フリーのレコーディングディレクター、音楽プロデューサーとして、ピチカート・ファイヴ、あがた森魚《もりお》、オリジナル・ラブなどのアルバム制作に携わる。現在はオーディオ評論家として、オーディオ専門誌をはじめとする各種メディアで評論・執筆活動を行っている。

筆者は、彼が札幌に戻って「和田珈琲店」「バナナボート」という喫茶店を経営していた時期に知り合い、「ムーヴィン」について話を聞いたことがある。「ムーヴィン」は8坪ほどの店で、途中からロック喫茶に移行したらしい。新譜が充実していたので、ミュージシャンや音楽ファンが集まるようになったという。

高円寺では「ムーヴィン」を嚆矢として、「JIROKICHI」などライブハウスやジャズ喫茶などが次々に登場してくる。このムーブメントが、現在の音楽文化の町、高円寺の基盤になっている。

『あのころangle』で、前掲したロフトプロジェクト代表の平野悠が、次のように述べている。

この『別冊angle』が出た1979年頃というと、〝中央線文化〟が一応終焉を告げて、文化の中心が新宿や渋谷といったターミナル駅に移ったころなんですよね。だから僕は1976年に新宿にロフトを開店したんです。

（『あのころangle 街と地図の大特集1979――新宿・池袋・吉祥寺・中央線沿線編』主婦と生活社）

『あのころangle』は、1979年に刊行された『別冊angle』の再編集版で、平野は1971年に千歳烏山にジャズ喫茶「烏山ロフト」、1973年にライブハウス「西荻窪ロフト」をオープン、その後、荻窪、下北沢などにも店舗展開していく。『あのころangle』には、1979年の高円寺のマップも掲載されていて、記憶に残る店も数多く書き込まれている。南口の「ぽえむ」、北口のジャズバー「アフターアワーズ」は現在も営業を続けているが、南口のジャズ喫茶の「サンジェルマン」「洋灯舎」、北口のジャズ喫茶「ジャンゴ」は姿を消した。

ダ・ヴィンチ特別編集『中央線　カルチャー魔境の歩き方』には、みうらじゅんのインタビューが掲載されている。

僕、高円寺にはフォークやロックのディズニーランドがあると思ってたんですよ。拓郎さんの『高円寺』、友部正人さんの『一本道』を聴いて、フォークの人は高円寺か阿佐谷に住むものだと信じてた。（略）

（みうらによる漫画『アイデン&ティティ』の冒頭で）「僕の住んでいる高円寺のアパートはカギがかからない」って言うんだけど、あれが僕の高円寺のイメージなんだよね。理由は別に盗られるものがないから、守るものがないから。バックがないからこそ自由っていうイメージが高円寺にはあった。

（別冊ダ・ヴィンチ編集部『中央線　カルチャー魔境の歩き方』メディアファクトリー）

中央線の各駅の周辺は、サロン的な「点」としての場が、複数存在する「面」としてのパワーを発揮していた。これは渋谷、新宿、池袋にも共通するものだが、中央線沿線がそれらの繁華街と違うのは、より居住地としての側面が強いことだ。

場所のダイナミズムとしては、渋谷、新宿、池袋には敵わないが、生活の場としての利便性の高さや、サロン的な場所と居住する場所が隣接していることが、界隈《かいわい》に魅力をもたらしていた。

みうらじゅんのコメントにあるように、中央線沿線は、カルチャーやコンテンツによって駅ごとにイメージが形成され、それが若者たちへの吸引力になっていた。サブカルチャーが、若者たちの場所に対する憧れを喚起したのだ。

「ボヘミアン」「ヒッピー」という人種

メインカルチャーが新宿、渋谷、原宿、六本木などに移行していく中で、高円寺をはじめとした各地域は、サブカルチャーの王道を歩んできたともいえる。だから、中央線沿線には独自の文化が形成され、それが魅力となっていった。ジャズ喫茶やロック喫茶が若者たちの集まる場所になり、そこから次第に、居酒屋やアパートに集まるような自由な空気が流れていたのだろう。

ある種、家と家、店と店などの境界のない街となった。それは、「ボヘミアン」に近い人種が数多く住んでいたからにほかならない。

今橋映子《いまはしえいこ》『異都憧憬　日本人のパリ』は、19世紀後半のパリに成立した芸術家たちの「ボヘミアン生活」こそ、パリ神話の源であったと見定めている。

もともとボヘミアンとは、パリの急激な人口増加の中で、下層階級を形成していく落伍者たちを示す言葉だった。つまり、経済的にブルジョワ社会の周縁に位置する人々を意味していたが、その後、「文化的」にあえて社会から外れて生きるボヘミアンたちが現れる、それこそが、芸術家だったという。

今橋も著作で触れているが、19世紀の中頃、フランスの小説家アンリ・ミュルジェールが執筆した『ボヘミアン生活の情景』という小説がある。この小説は、プッチーニのオペラ『ラ・ボエーム』にもなり、それ以降、ボヘミアンというのは旧来の伝統や習慣に身を委ねることなく、自由奔放《ほんぽう》な生活をしている芸術家気質の若者を指すことになった。

ただし、ボヘミアンという言葉は、肯定的な意味で使われることは少なく、高尚な哲学を生活の主体とし、自由奔放に生きる人々、という好意的な解釈はあったとしても、定職もなく、貧しい生活を送り、ときには薬物に手を出し、異性関係も奔放に暮らす人々、という否定的な見方がしばしばされる。

鹿島茂『モンマルトル風俗事典』では、アイルランドの作家ジョージ・ムーアの自伝的小説『青年の告白』にある、次の文章を紹介している。

私はオックスフォードにもケンブリッジにも通ったことはないが、『ヌーベル・アテーヌ』

には日参した。では『ヌーベル・アテーヌ』とはいかなるところなのか？私の生涯について少しでも興味のある人は、この美術学校についていくばくかを知っていなければならない。それは、君たちが日刊紙で読むような官僚的な愚昧さではなく、真の意味でのフランスのアカデミーである。すなわちカフェなのだ。『ヌーベル・アテーヌ』というのはピガール広場にある1軒のカフェなのである。

（鹿島茂『モンマルトル風俗事典』白水社）

そして鹿島は、ジョージ・ムーアにとって、パリのレストランやカフェこそが「学校」だったのだと述べる。

前掲のユルゲン・シェベラ『ベルリンのカフェ』では、ドイツの著名な作家、エーリヒ・ケストナーと、彼の作品の挿絵を担当した画家、ヴァルター・トリアーとのエピソードが記述されている。１９２０年代のベルリンのカフェ、劇場、カバレットなどで、２人は何度となく顔を合わせ、楽しい時間を共有したという。喧騒《けんそう》と狂乱のベルリンの文化装置が、彼らの交流や芸術的向上心に寄与していたことがうかがわれる。

１９７０年代から１９８０年代の中央線沿線に関していえば、こうした歴史的な文脈のボヘミアンではなく、アメリカのヒッピーカルチャー萌芽以降のネオ・ボヘミアンが源流になっていると考えていいだろう。サンフランシスコのヘイトアシュベリー、ニューヨークのイースト・ヴィレッジなどが、ヒッピー的なボヘミアンの居住地としては代表的な場所だ。また、アメリカでは大都市郊外の大学町そのものが、ボヘミアと呼ばれたりもする。

日本では戦後、アメリカ文化に対する憧れが強くなった。吉見俊哉『親米と反米』では、「占領期から1950年代にかけて、アメリカに対する二つの態度、すなわち『親米』と『反米』はその対立を先鋭化させていった」とし、「占領期の大衆は、映画や音楽から食事、家具や住居まで、アメリカンなライフスタイルに憧れた」と述べる。また、アメリカが豊かさの象徴であり、大衆にとって戦後の「民主化」とは、しばしば政治的自由である以上にアメリカ的な豊かさの獲得であった、と続ける。

一方で、全国に拡張された米軍基地の存在は、「暴力としてのアメリカ」を端的に表すものであり、「鬱屈《うっくつ》したナショナリズムを基盤としながら」反米・反基地闘争が繰り広げられていったとする。つまり、当時の若者たちは、親米と反米の間で揺らいでいた。そして、親米の若者たちが、アメリカ文化を摂取していくのである。

ただし、ヒッピー文化の精神的基盤である平和主義は、ベトナム戦争への反発からきており、そこまで単純化できない面もある。反戦運動に同調した若者は、政治への関心を深めていったし、また同時に、ボヘミアン的な生活に移行していった若者もいる。

それでも後者が新たなカルチャーを創出していったことは事実であり、それはコミューンという共同生活のライフスタイル、ハンドクラフトから音楽演劇やアートにいたるまでの幅広い範囲におよんだ。

日本では、ヒッピー文化は「フーテン」と同義語のように語られることもあるが、いずれにせよ定着はしなかった。１９７０年代以降は、学生紛争も下火になり、時代は政治的な季節を過ぎて、安穏とした方向に向かう。

マガジンハウスの雑誌『ＰＯＰＥＹＥ』が１９７６年に創刊され、アメリカのライフスタイルを日本に紹介し、初期のころには若者風俗をリードするなど、社会に大きな影響を与えた。ポップミュージックの世界でも、いわゆるウエストコーストのアーティストが多くの若者に支持された。イーグルスの「ホテルカリフォルニア」のリリースが１９７７年だ。

つまり、現在の中央線文化は戦後の紆余《うよ》曲折《きょくせつ》を経て、１９７０年代に定着したものと考えていいだろう。

筆者は、大学一年次に高円寺のアパートに住んでいた。慣れない東京での生活に最初は四苦八苦したが、それでも大学や、同じ札幌の高校から上京してきた友人たちと、中央線沿線で交流していたことを思い出す。

日常的にお世話になっていたのは、もうすでになくなってしまったが、青梅街道沿いの喫茶店だった。いかにもヒッピー上がりといった風情の若い夫婦がやっていた。彼らと深い話をしたことはなかったが、都会の片隅でゆったりとした時間を過ごせるスペースは、快適な存在だった。

阿佐ヶ谷、西荻窪にも友人がいたので、よく足を向けたが、たまに定食屋や居酒屋に行く以外は、彼らの部屋で時間を過ごした。自分の部屋の延長線上に友人の部屋があり、喫茶店、定食屋、居酒屋があった。それが筆者にとっての1970年代後半の中央線沿線だった。

ライブハウスが乱立した「吉祥寺」

さて、吉祥寺に目を転じよう。吉祥寺のF&Fビルの横にあるプチロードは、全長50m程度の細い街路だが、現在でもカルチャー色の強い飲食店が軒を連ねている。

1966年、野口伊織《のぐちいおり》が、現在のパルコ裏に「ファンキー」を新規開店した。やがて3

階建てに改装し、地下1階と1階はおしゃべり厳禁のシリアスなジャズ喫茶、２階をジャズボーカルアルバム専門のサロン的なバーにした。

その後１９８０年までに、界隈には、「be bop」「out back」「赤毛とそばかす」「西洋乞食」「SOMETIME」「ハム&エッグス」「チャチャハウス」「ココナッツグローブ」「レモンドロップ」と、次々に喫茶店が開店していく。

ジャズ喫茶でいえば、現在もジャズ評論を行っている寺島靖国《てらしまやすくに》が、１９７０年にオープンした近鉄デパート裏の「メグ」が有名だった。彼が経営している「モア」は、現在でもプチロードにある。ウェブ上には、寺島がプチロードに関する青春の思い出をつづった文章が散見できるが、とくに「out back」「赤毛とそばかす」が多く取り上げられている。

１９７０〜80年代は、プチロードを中心に若者たちがこの界隈に集まった。ここからサブカルチャーの町、吉祥寺の一つの顔ができていく。

吉祥寺という街には、僕や円山君のような奴が無数に群れている。人気ブランドというのだろうか。平均して家賃は安くないが、勤め人には向かず、自分の才覚で一旗あげようと考えている若い奴らが吸いよせられ、集まってきているのだ。

（花村萬月『幸荘物語』角川文庫）

小説家・花村萬月の『幸荘物語』は、吉祥寺が舞台の作品だ。読み方次第では、当時の吉祥寺のガイドブック的な側面も持っている。小説家志望の24歳の吉岡を中心にした青春物語である。

都市の文化装置の一つにライブハウスがあるが、吉祥寺といえば「ぐゎらん堂」が想起される。1970年に開店したライブハウスで、当時はまだライブハウスという言葉自体が存在していなかった。その所在地は、「ぎんぎら通り13番地」と呼ばれ、吉祥寺フォークの拠点となった。正式な地番でいうと、吉祥寺本町2丁目16-1で、東急裏と呼ばれるあたりだ。

1980年までの黄金期には、500回以上のライブ・コンサートやイベントを企画・開催し、訪れた客数は延べ50万人以上を数え、今日のニューミュージック界に大きな影響を与えたとされている。

「ぐゎらん堂」に集ったのは、ミュージシャンやそのファンたちだけではなかった。詩人、作家、画家、編集者、漫画家、写真家、映画作家、演劇人、舞踏家、落語家とその卵たちが、続々と結集したという。1985年に閉店したが、吉祥寺はそれ以降もライブハウスの集積する街になった。

「曼荼羅《まんだら》」が吉祥寺にできたのは、1974年のことだ。現在は「MANDALA GROUP」として発展していて、吉祥寺には「曼荼羅」を含めて4店舗を展開しており、吉祥寺の音楽文化に大きく寄与している。吉祥寺にはさらに、音楽スタジオ、カフェなども開業している。もともと1971年に浦和に開店したジャズ喫茶が母体だが、吉祥寺とともにという印象が強い。

ライブハウスをチェーン展開する事例は、東京でもいくつかあるが、特定の地域に集中していることは極めて少なく、吉祥寺での「MANDALA GROUP」のライブハウスの多店舗展開は、地域との密接な関わりの重要性を示してくれる。

漫画家が町への憧れを加速させる

さて、1970年代を代表する少女漫画家である田渕由美子《たぶちゆみこ》が、1976年に描いた『フランス窓便り』は、乙女ちっく派（陸奥A子《むつえーこ》、太刀掛秀子《たちかけひでこ》など、少女趣味的な恋愛ロマンスを描いた漫画家たちの総称）の代表作といえるだろう。1996年の『フランス窓便り』

復刻版において、評論家の大塚英志が解説で、次のように書いている。

田渕さんたちがフランス窓の少女たちの物語を描いたのは'70年代の半ば。浅間山荘事件、オイルショック、三菱重工業ビル爆弾テロ、ロッキード事件と'70年代の前半は実に暗い世相の時代だった。（略）

その時点では、田渕さんたちの漫画に描かれた風景は夢物語でしかなかった。同じころ、同じ夢物語をたとえば創刊されたての、『an・an』のグラビアや、荒井由実だったころのユーミンの歌が語っていたように思う。

（『田渕由美子 作品集★1 フランス窓便り』集英社文庫）

つまり、田渕たちの漫画世界に憧れた少女たちは、やがて80年代に入ると、その夢物語を少しずつ現実化していくのである。漫画はそういった意味で、時代性を持っている。田渕由美子は漫画史の中で大きな評価は得ていないかもしれないが、たびたび復刻されて未だに根強い人気を保持しているのは、そのためであろう。

田渕による『ライム・ラブ・ストーリー』も、『フランス窓便り』の文脈上にある作品

田渕由美子『ライム・ラブ・ストーリー』（集英社）より

である。通学電車の中で定期券を落とした主人公、嗣美のところに、拾ってくれた男子学生が届けに現れる。定期券を落として嗣美が降りるのは、吉祥寺だ。そして、その男子学生の家は三鷹にあるという設定になっている。

それほど情景は細かく描かれてはいないが、最後に2人が再会するのも、井の頭公園である。地方に住んでいた筆者が、吉祥寺を意識するのはこの作品からだった記憶がある。

少女漫画家を見ていくと、一条《いちじょう》ゆかり、大島弓子、魚喃《なななん》キリコが吉祥寺在住で、南Q太《みなみきゅーた》も以前は吉祥寺に住み、やまだないとは西荻窪というように、吉祥寺とその周辺には少女漫画の作家が数多く在住していた。

そのため一部ではあるが、作品の中で吉祥寺が舞台として扱われ、そのことが街のブランディングに寄与しているように思われる。少女漫画、とくに20代をターゲットにした作品としては、最高の舞台環境なのだといえよう。

たとえば、恋愛ものに不可欠な、マンション、アパートなどの居住空間、カフェ、バー、居酒屋などのコミュニケーション空間、百貨店、商店街などのショッピング空間、さらに憩《いこ》いの場として理想的である、井の頭公園がある。

また、たとえば「いせや総本店」という焼き鳥屋は、多くの作品に登場するように、長きにわたって吉祥寺のクリエイターたちに愛されている。同様に、北口にある「闇太郎」という居酒屋は、クリエイターがよく顔を出す店として知られ、そのシャッターに描かれているイラストは、江口寿史《えぐちひさし》の手によるものだ。こういった何気ない店の片隅で、彼らは交流し、そして意見交換を行っているという話も耳にする。

男性漫画家にも、楳図《うめず》かずおや江口寿史、大友克洋《おおともかつひろ》、福本伸行《ふくもとのぶゆき》など、吉祥寺近辺に漫画家が多数在住していることが、近年では注目されている。やはりまた、彼らの作品の中にその界隈が描かれることも少なくない。

本書でもたびたび触れてきたが、漫画家は地方から上京という形が多く、吉祥寺をはじめとした中央線沿線に居住することが多い。利便性が第一であるだろうが、都市環境として創作意欲をかき立てるという点もあるのだろう。

江口寿史『エイジ』（集英社）より

場所への憧憬は、その場所の持つイメージが導いていく。漫画家によって描かれる吉祥寺の風景は、読者の吉祥寺への憧れを喚起する一つの要因に違いない。

たとえば、井上雄彦《いのうえたけひこ》の『SLAM DUNK』の主人公、桜木花道が通う湘北高校のモデルが武蔵野北高校といわれていたり、江口寿史の『エイジ』は、久し振りに吉祥寺を訪れた老人が「サンロード」を歩きながら、「チャラチャラした街になりおって」と言うシーンから始まったりする。

また、藤沢《ふじさわ》とおるの『GTO』も「サンロード」から始まり、夜の井の頭公園も登場する。よしもとよしともの『青い車』でも、架空の「MICKEY RECORDS」は吉祥寺にあるという設定で、近隣の風景が作中に数多く描かれている。

そこには、単純に住みやすいだけでなく、漫画家志望者はもとより、一般の読者を惹きつける部分もあるだろう。「住みたい街」として、吉祥寺は長らく上位にランキングされている。そんな街を舞台に、登場人物による様々な物語を描いていくことは、作品の魅力にもつながるだろう。さらに、読者はその街を訪れることによって作品世界を追体験し、フィクションの増幅を試みることができる。

１９７０年代は高円寺、国分寺と並び、「三寺」と称され、若者にとって憧れの街であった吉祥寺だが、現在でもその地位は変わらないし、またその上の世代にも大きく支持されている。漫画もかつての少年、少女を中心とした作品から、様々な世代に対応できる戦略を取っている現在、フィクションによる吉祥寺の訴求力は、かなり広範囲なものになっていることは想像に難くない。

ローカル色の濃い「国分寺」

当時、「三寺」と呼ばれた若者に人気のある街であった国分寺は、高円寺、吉祥寺に比べて、いくぶんマイナー感が漂うが、ここは東京経済大学、武蔵野美術大学、東京農工大学、東京学芸大学など、近隣学生コミュニティが存在しているところに特徴があるだろう。

中央線沿線を若者文化で捉えていくと、中野から三鷹までのイメージになる。三鷹以西は現在でも沿線に畑が顔を覗《のぞ》かせているし、住宅地のイメージが強い。最近は大学の都心部回帰で、中野にも大学のキャンパスができているが、かつては中野から三鷹の間は大学生の住宅地で、吉祥寺や三鷹を除いて、それほど大学のキャンパスがあるわけではなかった。

その点で国分寺は、吉祥寺と大学立地という意味では似ている。ただ、都心部からの距離は遠く、大学を職業として捉えれば、職住分離ではなく、職住近接ということになるだろう。

現在でも営業している喫茶店の「ほんやら洞」は、その近所で村上春樹《むらかみはるき》がジャズ喫茶を営んでいたことで知られる。彼が国分寺に転居して、ジャズ喫茶「ピーター・キャット」を開店するのは、1974年のことだ。その経緯は『村上朝日堂』に記載されている。

いつまでも居候をしているわけにもいかないので、女房の実家を出て、国分寺に引っ越した。どうして国分寺かというと、そこでジャズ喫茶を開こうと決心したからである。

（村上春樹、安西水丸『村上朝日堂』新潮文庫）

同書によれば、開業資金は500万円であり、村上夫妻の資金が250万円だったため、残りの250万円は双方の親から借りたという。

その当時の国分寺では500万円あればわりに良い場所で20坪くらいの広さの、結構感じの良い店を作ることができた。500万円というのはほとんど資本のない人間でも無理すれば集められない額の金ではなかった。

（同前）

高円寺や吉祥寺では高すぎるということであろうか。やはり「三寺」の中で、もっとも国分寺はローカル色が強いといえるだろう。国分寺といえば、椎名誠の出世作ともいえる『さらば国分寺書店のオババ』が有名だ。

国分寺には古本屋が2軒あって、なぜか2軒とも国分寺駅南口にあるのだ。1軒は国分寺書店といって、ここはわりあい幅広いジャンルの本がそろっているのだけれど、店主がしなびたバアちゃんで、そのわりにはイヤにすきとおった若々しい声を出すのだけれど、これがまあ実にモーレツ的にうるさいバアちゃんなのね。

（椎名誠『さらば国分寺書店のオババ』新潮文庫）

昭和軽薄体を用いたスーパーエッセイである。やがてこの書店も店をたたむのだが、村上春樹も『村上朝日堂』のシリーズで、当時の記憶を語っている。

国分寺駅を見ると、僕もときどき吐き気がしますが、これはたぶん美的な観点から出てくる問題でしょう。昔はもうちょっとまともな駅だったんですがね。

（村上春樹、安西水丸『スメルジャコフ対織田信長家臣団』朝日新聞社）

このように時代とともに変化はしていっているが、やはり国分寺も学生街的な雰囲気のある街だということは変わらないだろう。ただ高円寺や吉祥寺に比べるといくぶん、牧歌的な雰囲気も漂わせている。

以上のように状況的な差異はあるが、ここまで見てきたように「三寺」に関しては、学生を中心とした若年層が鍵になっての発展が特徴になっている。

中央線沿線は、それぞれの駅周辺の喫茶店、ジャズ、ロック喫茶、ライブハウスというような文化装置が、「点」として集まり、「面」を作ってきた。そしてそれが、沿線のイメージ形成にもつながっている。クリエイターたちが多く居住し、西武池袋線、新宿線と並び、アニメーションのスタジオが多いという特徴も、中央線沿線は持ち続けている。

「セントラルアパート」と文化のたまり場

カタカナ職業のクリエイターが集った「セントラルアパート」

原宿は、戦後の米軍の影響が大きい土地だ。アメリカ空軍の軍事施設「ワシントンハイツ」が建設され、表参道沿いには「キディランド」「オリエンタルバザー」「富士鳥居」といった米軍将兵とその家族向けの店が、営業を始めるようになった。

キディランドの開店は1950年だが、その隣に「セントラルアパート」が1958年に建てられる。この原宿セントラルアパートの所在地は、表参道と明治通りが交差する北東角にあった。現在の「東急プラザ表参道原宿」の場所である。

地上7階、地下1階のビルであり、セントラル空調、給湯設備が完備し、電話交換室や洗濯室などもあった。当初はアメリカ軍の関係者など、特別な人々を対象としたアパートとして完成した。

それが１９６０年代に入ると、上層階に事務所、下層階に店舗が入居するという形に移行していき、デザイナーやカメラマンなどのクリエイターたちが事務所を構え、文化を牽引するようになる。「カタカナ職業」の巣窟《そうくつ》といってもいいだろう。

1980年ごろの「原宿セントラルアパート」の外観
※出典：ブログ「東京おとなガレージ」

そこには、浅井慎平《あさいしんぺい》、操上和美《くりがみかずみ》、鋤田正義《すきたまさよし》、平野《ひらの》甲賀《こうが》、糸井重里《いといしげさと》、矢崎泰久《やざきやすひさ》、細野晴臣《ほそのはるおみ》らが集っていた。

また、大川《おおかわ》ひとみは原宿セントラルアパート内の小さなショップから、ファッションブランド「ＭＩＬＫ」をスタートさせている。創刊から休刊まで矢崎が編集長を務めた、ミニコミ誌の草分け的存在というべき『話の特集』という雑誌の編集部も、ここにあった。

それぞれの事務所には、日常的に様々な人々が出入りしていた。当時、事務所を構えていた浅井愼平による『セントラルアパート物語』は、セントラルアパートをモチーフにした小説で、1970年代の業界群像が生き生きと描かれている。伊丹十三《いたみじゅうぞう》、タモリ、寺山修司、渥美清《あつみきよし》、植草甚一などの有名文化人が、この場所を訪れたという記述があり、様々な人が浅井の周りで交錯し、まさにこのビルが当時の原宿カルチャーの原点だったことがわかる。あくまで小説ではあるが、実名で出てくる人物も多く、当時の雰囲気が冒頭に出てくる文章でよくわかるだろう。

龍平は3日ぶりにセントラルアパートの一階にある喫茶店〈レオン〉のドアを押した。コーヒーの匂いが店のなかに舞って龍平を包んだ。

窓ぎわに冬の切れるようなシャープな陽ざしがとどいている。

「龍平さん」

すこしハスキーだが明るい声が飛んできた。ファッション・モデルのマギーだった。(略)

そのとき、表参道の交差点を渡ってくる植草甚一さんの姿が龍平の目に入った。

「植草さんだ」(略)

龍平とマギーはまるで映画のシーンを観ているように黙って見つめていた。植草さんは交差点を渡り、真っすぐに〈レオン〉に入ってきた。そして、龍平たちがそこにいることをはじめから知っているように近寄ってきた。

（浅井愼平『セントラルアパート物語』集英社）

また、日本におけるスタイリストの草分けとして知られる、高橋靖子《たかはしやすこ》の『表参道のヤッコさん』には、以下の記述がある。

1965年5月、セントラルアパートから見下ろすけやき並木は、若々しい緑の葉を空に向かって精いっぱい広げていた。私はすでに、どこまでが仕事でどこまでが遊びかわからないという、今につながる人生のローテーションに突入していた。そして、永遠のその日暮らしにも。世の中がゴールデンウィークでも、関係なかった。仕事があればする。できなければ徹夜でやる。遊ぶときは徹夜で遊ぶ。生きてゆくことの息遣いはそのころから今までずっと同じだ。

（高橋靖子『表参道のヤッコさん』河出文庫）

これは、クリエイターという職業を体現しているように思う。K・ニーガス『ポピュラー音楽理論入門』では、音楽産業の従事者に対して、

◎余暇と仕事の区別がない
◎個人的な嗜好と職務上の判断の混在
◎アーティスト、職業人、ファンの3つの人格を持つ

という特性を上げている。好きなことを仕事にすることの気ままさ（実際は楽しさとともに難しさもあるのだが）のようなものを、表現しているのだろう。これは音楽のみならず、少なからずクリエイティブな仕事全般につきものである。

「レオン」という憧れの打ち合わせ場

セントラルアパートには、広い意味でのクリエイターが集まっていた。そのセントラルアパートに出入りしたスタイリストの目で、高橋はさらに述べている。

セントラルアパートに飛び込んだことで、私は時代の波を一気にかぶることになった。私は漠然とした予感の中で人生を選んでいった。ある時代と遭遇するために、ある場所を選ぶこと、そしてそこで起こることに居合わせて、目撃すること。若者が持つ一瞬の才能（嗅覚）を、私はほとんど無意識に働かせたのだ。

（同前）

場所の選択は非常に重要だ。選び方次第で出会うものが違う。おそらく高橋は一種の勘を働かせて、セントラルアパートと関わりを持つようになったのだろう。

コピーライターの糸井重里も、当時のセントラルアパートを目撃した1人だった。

そう、細長い店でね。1階にはそういう店がいろいろ入っていて、ほかは、フリーのカメラマンの事務所とか、雑誌の編集部とかがあってね。セントラルアパートといえば、鋤田（正義）さん、操上和美さん、浅井慎平さん。それから、その事務所に来る、スタイリストのヤッコ（高橋靖子）さんがいて、『話の特集』の編集室があって。ぼくは、そういう人たちのなかで、ずーっと下っ端だったから、のびのびと、楽しかったです。

（「キョンキョンと原宿を歩く。」『ほぼ日刊イトイ新聞』２０１１年３月８日配信より）

セントラルアパートには、写真家である鋤田正義、操上和美、浅井愼平のスタジオがあったり、デザイナーの奥村靫正《おくむらゆきまさ》がスタジオを構えたりしていた。ミュージシャンも、はっぴいえんど、加藤和彦《かとうかずひこ》、ＹＭＯ、クールスなど、多岐にわたっていた。時代性として注目すべきは、音楽とファッションの親和性であり、かつデザイン、写真、イラストなどとの協調であろう。

セントラルアパート正面入り口の左には「クレドール」、右には「レオン」という喫茶店があった。後者に関して、高橋靖子はこう述べる。

新宿の風月堂がそうであったように、そこに出入りする人たちが、その時代、その文化、その店をつくったのだ。レオンはその典型といえる喫茶店だった。セントラルアパートには、デザイン制作会社やカメラマンの事務所が集中していた。外部の人との打ち合わせ、あるいは打ち合わせあとのほっとしたひととき、朝のお茶や午後の和みのひとときなど、私たちは一日中、レオンを出たり入ったりした。

（高橋靖子『表参道のヤッコさん』河出文庫）

レオンに関しては、中村のん編著『70s原宿原風景』の中で、様々なアーティスト、クリエイターが記憶を掘り起こしている。中村は以下のように述べる。

70年代の原宿を知る人の多くが「敷居が高くて入れなかった」「初めて入ったときの緊張は忘れられない」というレオン。レオンに自由に出入りできるようになることは、若い子にとっての一つのステイタスであり、それは「ロブションで食事をする自分になる」と夢見るのとはまったく違う種類の憧れでした。

（中村のん編著『70s原宿原風景』DU BOOKS）

原宿という土地柄、そしてセントラルアパートの存在もあって、レオンはクリエイターなどの流行最先端の職業人が、ビジネスの場として使っていた。そのことによって、レオンはクリエイター志望の若者にとって、憧れの空間となったのだろう。

同書ではミュージシャン、イラストレーターとして活躍した中西俊夫《なかにしとしお》も、次のように述べている。

まず人生で大事なことはほとんどレオンで学んだような気がする。夢の実現の仕方とか、何が粋で何が粋じゃないかとか、皆自由業の人だったので、どう仕事に繋げるとかね。皆、レオンのピンク電話を事務所代わりのように使っていた。（略）

実際行けば誰かいるし、話題も出たばかりの向こうの雑誌とか、イケてる髪型とか、映画とかデヴィッド・ボウイのこととか多岐に渡った。本当にカフェソサエティだったね。だって一日中たむろって、表参道の人々のファッションショーを見てるんだもの。

（同前）

そして『装苑』でイラストやエッセイを連載していた中西と、グラフィックデザイナーの立花《たちばな》ハジメ、スタイリストの佐藤《さとう》チカを中心に、パーティバンド「プラスチックス」が結成される。写真家・伊島薫《いとうかおる》によれば、イラストレーターのペーター佐藤《さとう》による「ペーター スタジオ」も近隣にあり、ここも新たなカルチャー創出のサロン的な存在だったらしい。

次なる文化装置「ピテカン」を生む

当時のセントラルアパートに事務所を置いていた、様々なクリエイターたちにインタビューを試みた君塚太《きみづかふとし》『原宿セントラルアパートを歩く』でも、レオンが「クリエイター達の間で、『共同ミーティング・スペース』の役割を果たしていたことが、今回のインタビューでもよくわかった」と述べられている。

なぜセントラルアパートにクリエイターたちが集い、定着したかについて、君塚は次の3つの要因を挙げている。

①「雑居ビル」「オフィスビル」ではなく、「マンション」だったということによる居住性
②1階に入居していた店舗が果たした役割
③建物の中心部が吹き抜けになっていたことによる連帯感と競争意識

「トキワ荘」や「大泉サロン」と違うのは、集う業種が様々にミックスしていたという点だ。操上和美がセントラルアパートを、若きクリエイターたちの「青春の灯が燃えたヴィレッジだった」と語っているように、彼らも日々切磋琢磨しながら腕を磨いていったのだろう。

また、浅井慎平も「セントラルアパートというのは、その一つのシンボリックな空間、あるいは時間だったんだと思います。戦場としては非常に恵まれた場所だった。地理的にもそうだったし、あの建物自体にそういう考え方の人達が集まりやすいテイストがどこかにあったのでしょう」と述べている。それだけセントラルアパートは、クリエイティブな空間だったのだろう。

こうした土壌のうえで1982年に、表参道交差点から明治通りを新宿方面に進んだ住宅街で、日本最初のクラブとされる「ピテカントロプス・エレクトス」が誕生する。通称、ピテカンである。

プロデュースしたのは、コント・ユニット＝スネークマン・ショーのメンバーとして知られていた桑原茂一《くわはらもいち》だ。また、設立のコンセプトに深く関わったのが、先のプラスチックスから「MELON」に転じていた中西俊夫だった。

つまり、セントラルアパートにあったレオンに出入りしていた人々が、原宿に新たな文化装置である「ピテカン」を作ったということになる。レオンが一つの時代を象徴する文化装置だとすれば、ピテカンは次の時代の文化装置だった。その存在は以後の日本のストリート・カウンターカルチャーに多大な影響を与えることになる。

ここには、MELON、東京ブラボー、ショコラータ、ミュート・ビート、坂本龍一《さかもとりゅういち》、高橋悠治《たかはしゆうじ》などによるライブ、高木完《たかぎかん》、藤原《ふじわら》ヒロシによるDJプレイが披露され、また、ジョン・ライドン、クラウス・ノミ、キース・ヘリング、ジャン・ミッシェル・バスキア、ナム・ジュン・パイク、デヴィッド・バーンなど、海外からも数々のミュージシャンやアーティストが訪れた。川勝正幸《かわかつまさゆき》による『丘の上のパンク』で、屋敷豪太《やしきごうた》によるコメントが紹介されている。

〈ピテカン〉は学校じゃないけど、僕にとってはラボラトリーだったね。京都の田舎者がたまたま〈ピテカン〉が始まるころにいて、ミュート・ビートだ、メロンだ、ウォーターメロンだって、週に嫌でも3回以上は通っていた。
（川勝正幸編著、藤原ヒロシ監修『丘の上のパンク――時代をエディットする男・藤原ヒロシ半生記』小学館）

ここでは特別な場所が存在していて、そこから新たなカルチャーが創出されていった様がうかがわれる。

文化人のたまり場「キャンティ」

さて、六本木に目を移そう。松任谷由実《まつとうやゆみ》『ルージュの伝言』に、次の文章がある。

そのころお世話になった人がいるの。梶子さん。六本木の女王とかいわれてた。キャンティの梶子さん。梶子さん、私のことすごくかわいがってくれて、デビューしたときにサン・ローランの衣装をそろえてくれたりしたの。私、『MISSLIM』のジャケットでピアノ弾いてるんだけど、あのピアノも梶子さんのピアノ。

（松任谷由実『ルージュの伝言』角川文庫）

松任谷家の背景を追った延江浩《のぶえひろし》『愛国とノーサイド』では、ここに出てくる「キャンティ」を、「『美食は最高の美徳である』。そして『文化はたまり場から生まれる』。これが店のモットーだった」と評している。

このキャンティは、六本木の文化装置の一つだといえる。キャンティとは、1960年創業のイタリア料理店だ。明治維新の元勲《げんくん》である後藤象二郎《ごとうしょうじろう》の子息、猛太郎《たけたろう》の庶子《しょし》として生まれ、川添家の養子になった川添浩史《かわぞえひろし》がオーナーだった。

彼は戦前、パリに遊学し、帰国後は赤坂にサロン「スメラクラブ」を作り、戦後は高松宮宣仁親王《たかまつのみやのぶひと》の国際関係特別秘書を経て、高輪にあった旧高松宮邸を改装した結婚式場「光輪閣」の支配人を務めた。また、歌舞伎、文楽の海外興行、大阪万博のパビリオン、ミュージカルなどのプロデュースを行った。

妻の川添梶子《かじこ》は、イタリアで彫刻家エミリオ・グレコに師事し、イタリアでの公演でナレーターとして参加していた浩史と出会い、その後、結婚した。デザイナーとしても活躍し、島津貴子《しまづたかこ》やグループサウンズのバンドの衣装を手掛けた。

そして、川添夫妻は1960年、麻布飯倉片町（現在の麻布台）にイタリアンレストラン「キャンティ」を開店させた。

「キャンティ」は当時珍しかった本格派のイタリアンレストランを標榜していた。のちに改築し、1階ではブティック、地下1階がイタリアン、2階がフレンチ、3階がディスコホール「キャンティシモ」となった。

午前3時まで営業しており、遅い夕食を取る放送局、芸能関係者で賑わった。店内にはヨーロッパのサロンのような自由闊達な雰囲気があり、川添夫妻の人脈を介して映画監督、作家、音楽家、デザイナーなど各界の文化人が交流した。

野地秩嘉《のじつねよし》『キャンティ物語』では、次のように述べられている。

開店してからの十年間、一九六〇年から六九年にかけての日々は、「キャンティ」にとっても、そこに出入りしていた客達にとっても、たくさんの思い出が詰まっている時間だった。

その中心は浩史と同じ世代の友人達。三島由紀夫《みしまゆきお》、黛敏郎《まゆずみとしろう》、今井俊満《いまいとしみつ》、鹿内信隆《しかないのぶたか》、古波蔵保好《こはぐらやすよし》、海藤日出男《かいどうひでお》、石津謙介《いしづけんすけ》、勅使河原宏《てしがわらひろし》。彼らも四十代の働き盛りで仕事をしていても、酒を飲んでいても、恋をしていても、もっとも充実した時期であり、彼らはちょうどその時に「キャンティ」と出会った。

（野地秩嘉『キャンティ物語』幻冬舎文庫）

六本木に集まったロカビリー族は、のちに六本木族と呼ばれるようになるが、六本木はテレビ朝日、ＴＢＳが近いことからテレビ関係者が多くいたため、六本木族にはテレビ、芸能関係者が多かった。

キャンティの常連客としていた「野獣会」は、のちに歌手・俳優となる当時高校生の田辺靖雄《たなべやすお》を中心に、１９６１年に結成されたティーンの遊び人グループで、メンバーには、峰岸徹《みねぎしとおる》、中尾彬《なかおあきら》、大原麗子《おおはられいこ》、小川知子《おがわともこ》、井上順《いのうえじゅん》、ムッシュかまやつ、福澤幸雄《ふくざわさちお》らのほか、デザイナー志望の若者もおり、最大30人前後で構成されていた。良家の子女が多く、当時、六本木のカフェ「レオス」、あるいは文化サロン的存在になりつつあった「キャンティ」に集った。

「キャンティ」には自然とアメリカ文化に憧れる若者が集まり、周辺にも様々な飲食店が点在した。島崎今日子《しまざききょうこ》『安井かずみがいた時代』の中で、ムッシュかまやつは次のように述べる。

僕らが『キャンティ』していた頃って、ZUZUも（加賀）まりこさんも、コシノジュンコちゃんも天真爛漫だったよね。キャンティには世界のセレブが集まっていたから、聞き耳立てて、いろんなことを聞いていた。しかも僕らのようなガキがいると、『こっちへ来て仲間に入んない？』と声をかけてくれる大人がいたんです。三島さんにしても黛敏郎さんにしても、今、僕がこの歳にして十代、二十代の子を見ているような感じだったんじゃない？ 若い子は何を考えてるのかなと、興味の目で見られていたんだと思う。僕らは耳から覚えたことを少しずつびくびくしながら実践していって、美意識とかいろんなことを学んでいったんです。タンタンと呼ばれていた梶子さんもすごい感覚の持ち主で、ZUZUやまりこさんを可愛がっていました。

（島崎今日子『安井かずみがいた時代』集英社文庫）

また、加賀まりこはオーナーの川添浩史について、次のように述べている。

『キャンティ』に通い詰めていた男の子や女の子が檜舞台に立つ時、あるいは助力を頼んできた時、いつも父親のようにいちゃ、それ以上の懐の深さで応援を惜しまぬ人だった。

（加賀まりこ『純情ババァになりました。』講談社文庫）

「キャンティ」のモットーは「子供の心を持つ大人たちと、大人の心を持つ子供たちのために作られた場所」であった。「キャンティ」には、詩人や芸能人、得体の知れない外国人から10代の子どもまで、様々な人間が集まり、夜も遅い時間になると、その人々を川添浩史や梶子が、わざとらしくなく同じテーブルにつけた。

それは浩史が「キャンティ」を「西洋のおでん屋」と表現したように、文化はたまり場から生まれることを十分に理解していたからであろう。川添夫妻は海外経験も長く、ヨーロッパのサロンやカフェ、レストランなどの文化装置の意味を、おそらく熟知していたはずだ。有名、無名にこだわることなく、様々な人々に偶然の同席の機会を与えた。
これは、先述した1920年代のベルリンのカフェに似ている。混沌とした中から何かが生まれることを、彼らは知っていたに違いない。まさに「文化はたまり場から生まれる」の実践であった。そして、客はそれを楽しみに集まっていたのだろう。

当時、周辺にいた松岡正剛は、次のように述べている。

なかでもキャンティからはちょっとした高等遊民のざわめきの香気のようなものが洩れていた。それは大学生のぼくにもぞくぞくっとした先端感触として伝わってきたし、そこには何か将来の日本の一隅を変えるような「明るい陰謀」が蟠っているようにも感じられた。
（「1659夜　キャンティ物語」『松岡正剛の千夜千冊』2017年12月28日配信より）

ミュージシャンの安らぎの場「レッドシューズ」

その後、音楽でいえば１９７０年代から、六本木には「メビウス」「Afro-rake」などのディスコが増え、外国人も集まってきた。六本木は、ディスコの聖地になっていく。

一般的には、１９６８年に赤坂と歌舞伎町にできた「ムゲン」、そして赤坂の「ビブロス」がディスコの走りといわれている。当時はエレキバンドが出す大音響の演奏にあわせて踊る、ゴーゴークラブやゴーゴー喫茶が流行しており、ミニスカートでお立ち台に上るゴーゴーガール目当てに通う者もいた。

六本木のディスコは、そうした店とは一線を画し、主に芸能人やモデル、富裕層や（米兵を含めた）外国人客を主な客層としたことで、一気に時代を先んじた存在に上りつめた。「メビウス」が日本で最初にレコード演奏のみで営業したといわれる。その後、六本木では時代の変化に合わせながら、ディスコの街を維持していく。

ただ、地引雄一『ストリート・キングダム』によれば「あの当時から六本木のど真ん中に行くのはちょっとおびえるというか、六本木クロスのところと、ここの飯倉片町のこっち側はまた違う流れがあった」というように、まだ界隈は猥雑な雰囲気を持っていて、六本木全体に同じ空気感は漂っていなかっただろう。

東京ロッカーズ（S-KEN、フリクション、LIZARDなどのニューウェイブ・バンドの総称）の拠点になる「S-KENスタジオ」がオープンしたのは、1980年だ。そこから六本木は、ディスコ一辺倒の街から多様化を進めていく。前掲書に「まだ明るいうちからビルの周りには黒いジーンズをはいたひとくせありそうな連中がうろつき、何人かの女の子がS-KENスタジオの小さな看板を描いている」とあるように、明らかに違うカルチャーが六本木に登場してくる。

さらに1981年に西麻布に開店したカフェバー「レッドシューズ」が、ライブハウス「六本木インクスティック」を1982年に開店すると、六本木はポップミュージックの色彩が強くなってくる。

その「レッドシューズ」は、森永博志《もりながひろし》、門野久志《かどのひさし》監修『レッドシューズの逆襲』で、「オープンの81年から幕を閉じた1996年まで、いったいどれだけのアーティストが、路上から地下の〈レッドシューズ〉の狭い階段を、胸ときめかせ、あるいは正体なくしておりていたことか」と述べられているように、とくに音楽関係のアーティストのたまり場だった。「行き着けの店には毎晩顔出してさ」と歌詞にある尾崎豊《おざきゆたか》の「RED SHOES STORY」は、西麻布時代の「レッドシューズ」のことを指しているのだろうか。当時、彼と仲のよかった吉川晃司《きっかわこうじ》、岡村靖幸《おかむらやすゆき》とともに、よく来ていたようだ。岡村はこの3人の当時のエピソードを、『文藝春秋』で以下のように記している。

まずは六本木の「WAVE」（大型レコード専門店、1999年に閉店）内にあるレイン・ツリーというカフェで待ち合わせ、少し早めに着いたらレコードをみたり……、というのが定番。そこから、六本木の街に繰り出すわけです。よく行った店は、西麻布にあった「レッドシューズ」（アーティストのサロン的バーとして有名）

（「65年 尾崎豊／吉川晃司と『飲み明かした日々』」『文藝春秋』2012年2月号より）

「レッドシューズ」は、よく足を向ける店だったわけだ。彼らは1980年代後半からの日本のポップミュージックシーンを彩っていくが、そこには漫画家とは違う、ロックミュージシャンならではの場所の作り方があったのだと思う。アルコールが存在する夜の店だ。ロックミュージシャンには、一種のアウトロー志向があるのだろう。

ミュージシャンといえば音楽喫茶やライブハウスが想起されるが、「レッドシューズ」のようなバーは、あくまでミュージシャンがプライベートで足を向ける店だった。アルコールは疲労を紛らわせてもくれるし、心地のいい空間を提供もしてくれる。1人の客になり切れる、あくまでプライベートで行くことができる店は、彼らにとって心安らぐ特別な場所であったのかもしれない。

レッドシューズは1995年に閉店するが、2002年に南青山で営業を再開した。現在でも国内外のアーティストが集う店になっており、再開してからは、週末にはDJ、バンドイベントも実施するようになった。

六本木や西麻布に文化装置が集積した背景には、1957年に放送を開始したNET（現テレビ朝日）の存在も大きい。強力なメディアは関連企業を周辺に集積させる力を持っている。1968年にCBS・ソニーが六本木に本社を移転、音楽出版社、芸能事務所なども集まってきて、かつオリコンやスイングジャーナル社、平凡企画センターなどの出版社も同様に移ってきた。

産業的な集積は、六本木に新たな機能をもたらす。六本木の飲食店関係にもそのような産業関係者が増えてくる。喫茶店やレストランなどのたまり場はやがて、「点」から「面」へと向かう。隈研吾、清野由美『新・ムラ論TOKYO』が提唱する「ムラ」という概念がそこに当てはまる。

その場所と密着した暮らしがある場所をすべて「ムラ」と僕は呼ぶ。現代美術の領域では「サイト・スペシフィック（場所密着型）・アート」という言い方があるが、サイト・スペシフィックな暮らしがある場所はすべてムラである。だから一見、都市という外観であっても、そこにムラは存在しているし、事実、すでに様々な場所で人々はムラを築き始めつつある。

（隈研吾、清野由美『新・ムラ論TOKYO』集英社新書）

ここでの「ムラ」とは、単なる前近代の共同体である「村」を指す言葉ではない。「ムラ」とは、固有の場所でありつつ、多様な生き方と選択肢の拠り所となり、人が存在する価値を、経済的にではなく生活として与えてくれるエリアのことである。そして、最先端の感性とネットワークが集まる磁場をも意味する。

もちろん現代には、バーチャルな「つながり」も日常的に存在するが、隈と清野が主張する「ムラ」というのは、自分の存在を認めてくれる文化装置が点在する、刺激的でありながら、生活の範囲内にある魅力的な場所を指しているのだろう。

第三章

現代の「サロン」のゆくえ

「コワーキングスペース」で協創は生まれるか

コワーキングスペースとは何か

ここまで、伝説となったサロンや、都市が育んだ文化装置について見てきたが、では、デジタル化が加速する現代において、果たして同様な文化の発信地が生まれるのだろうか。「シェアオフィス」や「コワーキングスペース」という言葉を、日常でも耳にすることが多くなった。この章では、「シェアオフィス」や「コワーキングスペース」について考えてみたい。

今まで見てきた、集まる、そして人がつながる場所は、自然発生的にサロンとしての機能を有した事例であるが、では、意図的にそのような場所を作れるのだろうか。これは、都市は自然に成長、発展するのが理想なのか、それとも事前に住民の意見を取り入れ、計画的に発展させていくべきなのか、という議論にも通じるだろう。

まず、シリコンバレーの話をしよう。戦前のシリコンバレーには、目ぼしい企業はほとんど存在せず、現在の繁栄ぶりは想像できない場所だったといわれている。第二次世界大戦中にスタンフォード大学を中心にして軍需産業が勃興し、関連産業も集まってくるようになる。

これがシリコンバレーの黎明《れいめい》期であり、リットン・インダストリーズ、アンペックス、ヒューレット・パッカードなどが代表的な企業だ。それらの企業は、地域の雇用の受け皿にもなった。

その後、このエリアで半導体メーカーが発展し、アップル、インテル、グーグル、ヤフー、フェイスブック、アドビシステムズ、シスコシステムズなどのソフトウェアやインターネット関連の企業が誕生した。

ここで注目したいのは、シリコンバレーのカフェの存在だ。そこでは日常的に起業家、投資家、技術者などが集まって議論を交わしていて、憩いの場としてではなく、ビジネスの場としての機能を果たしている。

かつてはシリコンバレーでも、アルコールでコミュニケーションを取り、ビジネスの話をする習慣があったが、法改正で飲酒の取り締まりが厳しくなり、ましてやアメリカは車社会なので、自ずからノンアルコールでのビジネストークになったという。

日本でもIT産業の集積地に、意図的にこのようなカフェを作る試みがあった。代表的なものは、「サッポロバレー」におけるビズカフェだ。

これは2000年に、IT起業家のビジネス交流の場として開店した。起業家の連携を促進することで、札幌のベンチャービジネスのダイナモ的な存在を目指したという。その後、1度移転し、2014年からは「さっぽろ大通コワーキングスペース ドリノキ」にさらに移り、現在にいたっている。以前とは少々、趣が変わったようだ。金沢や釧路などにも同様のカフェが開店したが、現在では閉店してしまっている。

シェアオフィスやコワーキングスペースが、ビズカフェの機能を代替してしまったのか、それとも身構えない通常のカフェが、同様の目的で使われているのか。

橋本沙也加《はしもとさやか》『コワーキングスペース／シェアオフィス空間による協創型ワークプレイスの出現』では、コワーキングスペースとは、「広義には、職場空間の共有をすること、広い共有のオフィスの中で自分の場所を作り、そこで働く新しい形態の空間のこと、あるいはその働き方を名詞とする」とし、シェアオフィスは「レンタルオフィスであるが、レンタルオフィスよりも人との『シェア』を重視しているもの」と定義している。

コワーキングスペースに関しては、深化の度合いによる3段階のプロセスを提唱しており、段階1を共存・共有の生成、段階2を共信の生成、段階3を協創・協働の生成としている。つまり、初期段階では同じスペースを他人と共有することに慣れ、その後に共同作業を行っていくということだ。個人作業から共同作業への発展のプロセスともいえるだろう。

ここではコワーキングスペースのほうが、レンタルオフィス的性格の強いシェアオフィスに比べると、より協創・協働の意味合いが強い。

コワーキングスペースは、1902年にパリのモンパルナスに誕生した芸術家たちの集う「ラ・リューシュ」から始まったと、数多くの研究者が指摘している。エコール・ド・パリの画家たちが集住したアパートで、それが現代にも続く共同アトリエとなっている。1978年にニューヨークに誕生した「ザ・ライターズルーム」も同様の文脈にあり、トキワ荘も同様の扱いができると、橋本は指摘している。

コワーキングスペースは、このような共同アトリエなども包括するが、現代ではもう少し広範囲に、あくまでオフィスという文脈で捉えられることが多い。

消費行動の変化と「サードプレイス」の意義

これらの流れの原点に当たる、「サードプレイス」についての議論も見ていこう。サードプレイスとは、アメリカの社会学者レイ・オルデンバーグが１９８９年、著書『サードプレイス（原題：The Great Good Place）』で提唱した概念だ。

彼はファーストプレイスをその人の自宅、つまり生活を営む場所、セカンドプレイスは職場、つまりその人が最も長時間過ごす場所、そしてサードプレイスをコミュニティライフの核になる場所として区分した。

彼はサードプレイスを、都市生活者にとって、良好な人間関係を提供する重要な場であるとし、その特徴として以下の点を挙げている。

◎無料あるいは安い
◎食事や飲料が提供されている
◎アクセスがしやすい、徒歩圏内
◎習慣的に集まってくる
◎フレンドリーで心地よい

◎古い友人でも新しい友人でも見つかるところである

ここでは、集まってくる人々にとって、「心地よい」場所だということが重要だ。

例として、彼はフランスのカフェやイギリスのパブを挙げるが、日本でこのサードプレイスの議論が注目されるようになったのは、この概念を大事にしているカフェチェーンであるスターバックスが、1996年に日本出店を開始して以降のことだとされる。

ただし、日本ではスターバックスにコミュニケーションの場というイメージはなく、実態としては1人で行くカフェという認識がなされているかもしれない。

本来、サードプレイスの議論は、あくまで家庭や職場以外の第三の場所に関するものだったが、働き方の変化によって、コワーキングスペースやシェアオフィスの議論と重なる面も出てきている。つまり、無目的に、ある種の心地よい紐帯《ちゅうたい》を求めてサードプレイスへ足を向けるのではなく、目的のある集まりのほうが重要性を増してきている。

1990年代後半から、日本では「モノ消費」から「コト消費」に移行し、2010年代に「トキ消費」という概念が打ち出され、その後、「イミ消費」という言葉も使われるようになった。

消費行動の変化に関する一つの要因として、スマホなどのモバイルデバイスの登場と、ＳＮＳの普及がある。この2つにより、多くの人々が自身の体験をシェアするようになった。あらゆる「コト」を記録して投稿したり、それらの投稿を見て「コト」を疑似体験したりするようになったことで、「体験」に価値を置くという新たな消費行動を派生させた。「トキ消費」とは、時間や場所が限定されており、その瞬間を逃すと同じ高揚感や感動は再び味わえないという参加型の消費行動であり、「イミ消費」は、商品やサービスそのものの機能のみならず、そこに付帯する社会的、文化的な価値に共感して選択する消費行動である。

コワーキングの普及もそうであるが、消費行動の変化は場所の意味をも変える可能性もあるに違いない。もちろんサードプレイスの議論においても、消費行動の変化を視野に入れる必要がある。サードプレイスに「イミ消費」を付加すると、単純なパブやカフェの業態とは異なるものになる。

たとえば、２０１９年7月に北海道江別市の大麻銀座商店街にオープンしたゲストハウス「ゲニウス・ロキが旅をした」は、築50年の古建築をＤＩＹでリノベーションした手作りの空間で、交流と宿泊を楽しめる場所である。社会の課題を「ゲストハウス」という装置で価値に変えることを趣旨としており、衰退した商店街の課題を解決する場所としての役割を目指している。つまり課題解決という「イミ」を持つという新たなサードプレイスであるのかもしれない。

このような試みは全国的に増えており、実践することで協創が生じる可能性もあるだろう。

自宅を貸し出す「Hoffice」というサービス

さて、コミュニティ論の延長戦上に、コワーキングスペースも位置づけることができる。田所《たどころ》承己《よしき》『場所でつながる／場所とつながる』は、コワーキングスペースでは、多様性が確保できない、フリーランスの人が利用するスペースは、フリーランスの人しか利用しない傾向にあり、その人たちの属性も近くなると指摘する。

専門性や嗜好性に偏らない場の必要性を主張しているのだろう。他領域、異業種からの視点や意見を取り入れたほうが、新しいアイデアを生むことにつながるという見方である。

これは佐藤《さとう》郁哉《たくや》が『現代演劇のフィールドワーク』で述べている、劇団のタコツボ化に近いかもしれない。劇団は仲間内で閉じこもり、自己主張を続け、ほかの劇団のポリシーはまったく認めない。そうした姿勢が多くの劇団に共通していたとしている。「類は友を呼ぶ」というが、フリーランスの仕事としては、ライター、編集者、デザイナー、映像系クリエイター、ファッション関係者と、クリエイティブな領域の人々が多くなる傾向にある。その意味で、田所は学生、主婦、企業に勤める組織人との交流が少ない点を問題視しているのだ。

ここで、枻出版社によるムック『シェアリングスタイル』を見てみよう。ここで紹介されているコワーキングスペースは、カフェやキッチンが併設されたり、住居も一緒に配置されたりしているものもあり、多種多様だ。この『シェアリングスタイル』には出てこないが、スウェーデンの「Hoffice」のように、自宅をコワーキングスペース化するケースも生じてきている。

これは誰かの家を1日、コワーキングスペースとして借り、いろいろな人が集まって仕事をするというものだ。段取りとしては、facebookなどで、いつ誰の家で「Hoffice」が行われるかという情報を共有し、参加希望者はfacebookで参加表明したり、「Hoffice」が行われる家の家主と連絡したりする。

「Hoffice」は既存のコワーキングスペースとは違い、共同作業が基本になっている。ワークショップのようなものだ。参加費は無料で、参加者たちは各々、飲料、食料を持参して当日の朝に集合し、統一ルールに乗っ取って作業を行う。家を利用できる時間は9時から17時まで、参加や退席は自由。作業は45分ごとに休憩時間が15分あり、休憩ごとに参加者は次の時間の作業内容を説明し、全員で共有する。

この試みは、自宅を提供する点がユニークだ。自宅提供者は、食事以外は無償の立場を取っており、ある種の社会貢献活動を行っていることになるだろう。イギリスの女性限定サービス「Kitchin Table」なども、同様のサービスであり、ホームコワーキングスペースといった趣だ。

通信、連絡手段はインターネットやスマホを使ったとしても、誰かの家に集まって何か作業をすることは、普遍的なこととして残っているということだ。

他人とコミュニケーションを取るのが苦手な人が増えているともいわれることがあるが、一つの共通目的があれば、他人の家がコワーキングスペースになるのも不自然ではない。

非合理的に見える「graf」のスタッフィング

サードプレイスには、人々は明確な目的があって集まるのではない。気楽に集まっている中から、具体的な目的が派生する可能性はあり、そこから同人誌的なものが生まれたり、政治団体が生まれたりすることもあるだろうが、基本的には仕事とは乖離したスペースだ。

一方で、目的があることが、コワーキングスペースの大きな特徴だ。このコワーキングスペースの発展形として、「graf」で知られるデコラティブ・モード・ナンバースリーが挙げられよう。コワーキングスペースは企業が器を用意して、そこに入居者を募るという方法を取るが、「graf」の場合は、企業が前もって器を用意したのではなく、人が集うことによって、協働の場所が自然な形でできた事例であろう。

この企業は2000年に建築家、プロダクトデザイナー、映像作家、大工、家具職人、調理師の6名で起業した。生活空間を舞台とするすべてのデザイン提案を行う企業だ。発想からデザイン、製作までを共同で行っている。代表の服部滋樹《はっとりしげき》は、CREATIVE PLATFORM OITAのインタビューで、次のように発言をしている。

その頃、ロンドンのアンティーク家具を扱う店でバイトしていたんですが、バイト仲間が面白いやつばかりで。映像の仕事で社会を変えてやろうと思っているやつとか、プロダクトデザイナーを目指しているやつとか、料理人になりたいやつとか。みんな夢は違うけど、ア

ンティークの家具に触れながら、当時の職人さんの技術やもの作りを体感していたんですよね。（略）
アンティーク家具屋でバイトしていた仲間は、みんなサブカルチャー的な価値観を持っていて、自分で何かを作りだしたいっていう連中ばかりでした。当時はまだグループで仕事する感覚ってあまりなくて、集団でものを作ることに面白味を感じたんですよね。
金銭的なことだけではなく、足りないものを補い合ってデザインが生まれていったり、自分の予想や想像を超えて次のステージを導くことができる関係性の仲間がいたっていうことが希望だったんです。そうやって編集能力の高い家具職人になれば、独り立ちできるじゃないですか。
（「自分たちが生きていくための仕組みを自分たちで作る」『CREATIVE PLATFORM OITA』２０１６年11月10日配信より）

デザインを協働で作ることが主流になっていくというのだが、最も違和感がある職業は調理師だろう。「graf」にはイタリアンレストランがあるが、一見非合理なスタッフィングだ。ところが現在では、「graf」のコンセプトを表現することに一定の効果をもたらしているし、また家具のショップなどとともに、本社ビルにも馴染んでいるように見える。今となっては合理的な構成に寄与しているといえる。

「偶然性」がクリエイティビティを生む

楠《くすの》木建《きけん》『ストーリーとしての競争戦略』では、「クリティカル・コア（Critical Core）」という概念をもちだし、誰もが納得するような合理的な戦略は、すぐに競合他社に真似されてしまい競争優位ではなくなってしまうが、一見して非合理な打ち手は、真似されないと述べられている。つまり、様々な企業の戦略の中から、一見して非合理なクリティカル・コアを読み取ると、部分非合理が全体合理性につながっていることがわかるという。たとえば、ＰＣメーカーの「デル」は、収益性が低いといわれる組立工程をアウトソーシングせず、人件費が高いアメリカの自社工場によってＰＣを作るという部分的な非合理を組み入れることで、全体の合理性を生んでいる。

組立工程をアウトソーシングしてしまうと、生産部門と他部門との日々の調整や、きめ細かいコントロールができなくなる。サプライヤーとの関係においても同様だ。それを避けるために、一見非合理でも組立工程を内製化することで、部門間、サプライヤーとの緊密な関係構築をする。このようにして高度に統合されたシステムが、直販、カスタマイゼーション、受注生産、無在庫といったデルの強さを生んでいる。「graf」の場合も、起業時点でのスタッフィングは、非合理的だったかもしれない。ここで、第二部で述べた「セレンディピティ」という概念が思い起こされる。あるいは偶然に関して、哲学者の九鬼周造《くきしゅうぞう》が、1939年に「驚きの情と偶然性」で、次のように述べている。

驚きという情は、偶然的なものに対して起こる情である。偶然的なものとは同一性から離れているものである。同一性の圏内にあるものに対しては、当たり前のものとして、驚きを感じない。同一性から離れているものに対して、それは当たり前でないから驚くのである。

（九鬼周造「驚きの情と偶然性」『偶然と驚きの哲学』所収、書肆心水）

偶然は一種の驚きから、ときには感動を生じさせるというプロセスにいたるという。

企業に再び目を向けてみると、日本型企業の経営では、終身雇用制における新卒一括採用による社員の固定化、均質化といった弊害が生じるという指摘がなされてきた。近年になって人材の多様性が注目されてきたのは、それがイノベーション創出のために不可欠なものとされているからだ。

たとえば、シリコンバレーの成功は、知らない人同士が偶然に知り合い、情報の共有、または相互学習、相互啓発などによってイノベーションが生じることにもある。

リチャード・フロリダ『クリエイティブ・クラスの世紀』でも、創造的な職業である科学者、エンジニア、アーティストなどの『クリエイティブ・クラス』と称する知識階級の者を数多く抱えることが、都市間競争を勝ち抜くためには重要であるとし、都市の競争力を図る指標として「Technology（技術）、Talent（才能）、Tolerance（寛容さ）」という3つのTを挙げる。都市消費文化は、高度なクリエイティビティや高度な文化資本を有する人々が集中することによって生ずるということであろう。

寛容性、あるいは開放性は、世界中から人材の流入を促し、多様性をもたらす。アメリカでは、技能水準の高い移民が、計り知れないほど科学技術を進歩させ、企業の成功を促進し、多大な経済的利益をもたらすことになったという。

そして、そうしたクリエイティブ・クラスの人々が、創発性や多様性に富んだ場所に集まり、そこにライブハウスやカフェ、アート・ギャラリーなどの文化装置が作られ、消費文化の発信地になっていくとされる。

同じくフロリダの『クリエイティブ都市論』では、「きわめてクリエイティブな人々は、他者と活発に交流する時期と、深く集中する時期を繰り返す傾向にある。また、彼らは高揚状態にある時が最も満足度が高い」と、クリエイティブ・クラスの特性にも言及している。つまり、多様性は、偶然の出会いや邂逅を前提に生じると考えてもよい。そこで驚きが生まれ、感動に結びつき、物語が生まれていく。

エドワード・レルフ『場所の現象学』には、

> 人間が必要とするのは土地の切れ端ではなくて、『場所』なのである。それは人間としてのびのび発展し、自分自身になれるための背景なのだ。この意味での場所はお金で買うことはできない。それは長い時間をかけて人々の平凡な営みによってつくられなければならない。彼らの愛情によってスケールや意味が与えられなければならない。
>
> （エドワード・レルフ、高野岳彦ほか訳『場所の現象学』ちくま学芸文庫）

とある。

場所は多くの人々にとって、人間との親しい関係と同じように、必要かつ重要なものである。人々はその場所にいることで、場所の影響を受けている。現実に生きる存在として人間は、場所と乖離して存在することはできない。人間は生涯を通じて絶えず、どこかに存在し、場所と関わりながら生きている。

コワーキングスペースは、多様性に富んだ人々が集まり、リアルなコミュニケーションを重要視する点で、現代を生きるための場所なのである。そこでは偶然が必然に転化することもあり、かつ非合理なスタッフィングもやがて合理的なものへと変容することも、期待できるだろう。

「オンラインサロン」は現代の文化サロンとなるか

デジタル革命で一変したコミュニケーション

１９８０年代から始まるデジタル革命は、第三次産業革命といわれる。第三次産業革命は、パーソナルコンピュータ、インターネット、情報通信技術（ＩＣＴ）などの進歩に象徴され、これらの技術的イノベーションは、紛れもなく人間の知的作業の効率を急速に高めた。

言い換えれば、情報技術革命である。当初はコンピュータ単体での作業だったが、それがインターネットと結びつくことによって、モバイル端末の普及とともに場所を選ばない共同作業や、コミュニケーションが可能になった。

稀代《きだい》の経営者でも、こうした流れを読み間違えた人は多い。当時、ソニーの社長だった出井伸之《いでいのぶゆき》も2006年に出版した『迷いと決断』の中で、「インターネットはビジネス界に落ちた隕石だ」と記述している。これは出井の後日談であり、筆者も含めて、大半の人は現在のような情報社会環境に移行することを、当時は考えもしなかったに違いない。携帯電話の改良、普及あたりからその予兆は感じてはいても、確信は持てなかった。

さらに、ロボット工学、人工知能（ＡＩ）、ブロックチェーン、ナノテクノロジー、量子コンピュータ、バイオテクノロジー、ＩoＴ、３Ｄプリンタ、自動運転など多様な分野で、第四次産業革命が始まっているともいわれている。

第三次産業革命は情報技術を革新したのみならず、社会の様々な関係性にも変化をもたらした。既存の仕組みは対応を余儀《よぎ》なくされ、マスメディアも未来像の模索に明け暮れ、往時の勢いを失いつつあるように見えるし、コンテンツも実物の販売からデータを配信するビジネスモデルに転換し始めている。しかし、そのビジネスモデルすら、第四次産業革命のモデルに転換せざるをえないのかもしれない。

また、デジタル技術のイノベーションにより、誰でも情報の発信が可能になるという新たなスキームが具現化した。そのことで、プロとアマチュアの格差も次第になくなり、コストの問題のみならず、誰でもクリエイターになれる時代が到来した。デジタル技術は、アマチュアであっても、プロに近いクオリティを実現させてくれるようになった。

また、インターネットは海外との境界を消滅させ、日本のローカル都市から海外にコンテンツを発信することも手軽にできるようになった。20年前にはまったく考えられないことだ。一見、東京へ「ヒト・モノ・カネ」が集まっている現象の陰で、ローカル都市にもコンテンツ産業の萌芽が始まっていると見ることもできる。これがおそらく東京とローカル都市との関係性に、変化をもたらす契機となるだろう。

さらに、これは都市とローカルといった空間スケールの話のみならず、個人のメディア化、コンテンツ化の時代に突入したということでもある。インターネット上で次々に生み出されるコミュニティは、従来のリアルなコミュニティとは違って、より緩いつながりに比重を置いているものが多い。フェイス・トゥ・フェイスで人と会う必要もないのだから、匿名でも構わない。

このインターネット上のコミュニティを構築可能としたのが、ソーシャル・ネットワーキング・サービス（SNS）であろう。それ以前から電子掲示板やブログなどはあったが、SNSは、人と人のつながりをサポートするための会員制のオンラインサービスとして、友人、知人同士のコミュニケーションを円滑にする場を提供し、趣味、嗜好、地縁、学校、知人とのつながりなど、共通点を介して新たな出会いの場をも提供する。

これによって、ウェブ上にはコミュニティが無限に作られていく。新たなコミュニティツールが、バーチャル空間の中に誕生したということである。

現在ではこの手のサービスは、誰でも登録できるが、普及の初期段階では既存の会員からの招待がなければ参加できないという、いわゆる招待制を取っているものも多かった。今でも企業が運営するものは、クローズドなものも多く、大学などが運営するOB限定のものもあれば、地域SNSなどのように有志が独自に開設するものも散見できる。

このような動きは、2003年ごろからアメリカを中心に活発化し、日本でのサービスもそれに追随したような形になった。当初台頭したのは「MYSPACE」だった。このSNSは10代の音楽ファンを中心に、急成長を遂げた。会員の個人プロフィールページ、話題を共有するグループ、音声や画像ファイルの公開、会員間でのメールの送受信など会員間のコミュニケーションをサポートするサービスを提供した。

しかし、新興の「facebook」の普及にともない、いつしか後塵《こうじん》を拝するようになった。買収劇もいくつかあり、現在では一時期の勢いを失っている。また短い文言を投稿・共有するマイクロブログ「Twitter」、写真の投稿・共有が特徴の「Instagram」、ビジネスに特化した「LinkedIn」、ショートビデオで急成長している「TikTok」など、棲みわけもできているように見える。

日常的にメッセージを送受信する「LINE」が日本で、「カカオトーク」は韓国で、中国では「WeChat」など、メッセンジャー的なＳＮＳも浸透している。日本発のＳＮＳでは、「mixi」が支持されていたときもあったが、やはりfacebookに押されてゲームへの転換を図ったことも記憶に新しい。

また、従来のウェブサイト、ネットサービス、スマートフォンアプリなどにもソーシャルな機能が追加されることも増え、本来的なＳＮＳとの区別もつかなくなってきている。LINEもメッセージの受送信だけでなく、より拡散的なコミュニケーション機能も充実する方向にある。

ＳＮＳの普及によって、リアルな社会では出会えなかった人たちともネットワークが構築可能なので、人間関係が広がった人たちも多い。ただその反面、公開された個人情報や写真などを悪用されたり、書き込んだコメントに非難が殺到する、いわゆる「炎上」という現象も起きるようになった。リアルとは違うネット社会での規範もあり、なりすましなどの弊害も多々生じている。それによってＳＮＳを忌避《きひ》する人たちもいる。

なぜオンラインサロンに人が集まるのか

「オンラインサロン」はこのような背景をもとに、ムーブメントを起こしている。オンラインサロンとは、月額制のウェブ上で成立しているコミュニティのことを指す。一般的には作家、起業家、アスリート、ジャーナリスト、ブロガーなど、専門知識を持つ者や、ある分野で実績を持つ個人、もしくは目的を持った複数のメンバーが主宰者となる形が多い。形態としてはクローズドが基本である。

タイプ分けしてみると、おおむね次の4つになるだろう。

①ファンクラブ型

著名人が主宰するサロンで、参加者の大半は主宰者のファンで成り立っている。主宰者とは、限定的にでも交流できることが多い。

②コミュニティ型

共通の趣味、目的を持った人々の交流が主目的である。イメージとしては学生のサークルに近い。

③講座・学習型

主宰者が専門的な知識を伝えることを目的としている。カルチャーセンター、オープンカレッジに、交流の要素が付加されたようなもの。

④プロジェクト型

クラウドファンディング、新規事業立ち上げのように、特定の目的を掲げて資金や会員を募集するもの。会員は会費を払い、主宰者や賛同者とともに活動することによって、チームとして目的達成を目指す。

2012年に「シナプス」がオンラインプラットフォーム事業を開始して以降、「サロンド」「レジまぐ」「DMMオンラインサロン」「COMMY」「A-portオンライン」と次々に参入した。統合などもあり、「DMMオンラインサロン」が有力なオンラインプラットフォームになっている。

クローズドなコミュニティであり、オンラインサロン内のコンテンツは外部への情報流出が禁じられているため、一般的なウェブメディアとは違って炎上リスクは少ない。

オンラインサロンによっては、主宰者が一方的に情報発信するものもあるが、通常は直接的に接することのない主宰者と、双方向でコミュニケーションが取れる。オンラインサロンによっては、会員限定でオフラインイベントの開催もあり、ウェブ上の活動に留まらないものもある。

この形態はファンクラブに近い。主宰者とコミュニケーションが図れるだけではなく、趣味嗜好の近いほかのオンラインサロンのメンバーとの交流も図れるし、オフラインイベントを介して、メンバー同士の親睦《しんぼく》も図れる。

現在では500以上のオンラインサロンがあるといわれており、DMMのHPによれば、2018年2月時点で会員数も3万人を超え、流通総額も10億円に達しているとある。現在ではさらに拡大しているだろう。これだけ活性化してくると、法外な会費を徴収したり、情報を悪質利用したりする、悪質なオンラインサロンも開設されるようになってきている。今後もオンラインサロンの課題は増えてくるだろうが、あくまで自由参加するものなので、消費者が見極めて入会することが推奨《すいしょう》されるだろう。

オンラインサロンは2014年に開設された堀江貴文《ほりえたかふみ》のサロン以降、急速に活発化したといわれている。たとえば、西野亮廣《にしのあきひろ》は著書である『新・魔法のコンパス』において、主宰するオンラインサロン「西野亮廣エンタメ研究所」には、2019年4月16日時点で会員数が2万3932名いると記載している。これが現在、最も会員数が多いオンラインサロンだ。

彼がオンラインサロンを始めたのは、「次の文化は『鎖国』から生まれる」という考えが動機となっている。


今の時代って、SNSですぐに横槍（ツッコミ）が入って、何かにつけて〝あげ足〟が取られてしまうじゃない？

いつも聞こえてくるのは、「空気を読めよ」の大合唱。

おかげで、あらゆる表現の「角」が取れてしまって、せっかくの個性が殺され、品行方正で無味無臭のモノばかりが残ってしまうようになっちゃった。


（西野亮廣『新・魔法のコンパス』角川文庫）


SNSは多様化の方向ではなく、正論以外が許されないずいぶんと窮屈な場になってきている。彼によれば、今の時代の表現者に必要なのは「横槍が入らない環境」であり、それが「鎖国」なのだそうだ。

確かに、ブログやTwitterでは、炎上に代表されるように場が荒れることがある。そうした意味で、西野の論は一理ある。ただ、ウェブメディアの持つ本来的な自由度は、このようにして規制しなければならないのかという悩ましさもある。これは個人レベルでの規制だが、大きな枠で捉えると、国による規制までも視野に入ってくる。ウェブメディアは政治をも動かす力を持っている。実はＳＮＳは、利便性の高いメディアであると同時に、とても扱いにくいものなのだ。

ファンクラブとの類似と相違

さて、前述した①ファンクラブ型のオンラインサロンは、従来のファンクラブの発展形と捉えることもできよう。ファンクラブは、アーティスト、アイドル、スポーツチームなどのファンで構成される団体を指す。公認クラブと私設クラブとがあるが、私設のものを正式に公認している場合もある。

仕組みとしては、ファンクラブには入会金と年会費を支払うものが多く、当然ながら会員が多ければ多いほど利潤は生じる。ただし、宣伝目的の場合には、入会金、年会費が免除の場合もある。

この仕組みは公共財の議論でも取り上げられることがあり、非競合的でかつ排除的な財は「クラブ財」と呼び、準公共財とされる。サービスにかかる経費を、消費者が負担するものだ。非競合的というのは、同じ財やサービスを複数の消費者が同時に消費できる、つまり、ある消費者が消費することによって、ほかの消費者の消費量が減少することがなく、追加費用なしで全員が同時に同じ量を消費できることを指す。たとえば、映画、有料放送、スポーツクラブなどだ。

会員制を取ることでそこに集まる人々を限定できるので、異なるスタンス、意見の人々を排除する機能も持つ。

会費の額によっては、特典やオプションがつくこともある。ファンクラブでは、会員証の発行、記念品、会員限定商品、サイン色紙などのプレゼント、会報誌送付、チケットの優先販売、割引券発行、無料招待、会員限定のイベントへの参加、会員限定情報の発信、関連商品の販売、購入額に応じたポイントの付与、会員からの相談や質問の窓口など、多様な優待サービスが行われる。

オンラインサロンでも、オフ会やイベントへの参加権を付与することによって、主宰者と直接会えるという特典がつくことが多い。「西野亮廣エンタメ研究所」のように、主宰者と一緒にプロジェクトを作っていく作戦会議を特典としているものもある。どちらかというと、既存のファンクラブのタレントと会員の関係よりも、主宰者とオンラインサロンの会員はフラットな位置関係にあるので、会員側にとって能動的であるという特徴があるように見える。

こうした動きを別角度から考察したものに、佐藤尚之《さとうなおゆき》『ファンベース』がある。これは企業マーケティングを中心に、ファンの効用を考察したものだ。企業やブランドのファンを大切にし、そのファンをベースにして、中長期的に売上や価値を向上していく考えだ。ここでいうファンとは、企業やブランドが大事にしている志や価値提供の方向性、クオリティを支持してくれる人を指す。

そして、今の時代にファンベースが求められる理由を、

◎ファンは売上の大半を支え、伸ばしてくれるから。
◎時代的・社会的にファンを大切にすることがより重要になってきたから。
◎ファンが新たにファンを作ってくれるから。

としている。確かに人口減少、超高齢化や少子化、独身増加などを考慮すると、新規顧

客の開拓は難しくなってきているし、世の中には情報も商品もエンターテインメントもあふれ返り、キャンペーンの持続性は弱まっている。

『ファンベース』は、あくまでビジネスを対象としたマーケティング議論だが、ファンクラブやオンラインサロンに通底する部分が多い。ファンベースとは、言い方を換えると、顧客の囲い込みということになるだろう。

オンラインサロンに関してファンクラブ型を中心に見てきたが、②コミュニティ型、④プロジェクト型も、サロン形成においては重要かもしれない。

前者は共通の趣味、嗜好が軸となり、たとえば釣り、写真、麻雀、競馬、旅行、美食、ワインなど多岐にわたる。ファンクラブ型と違って、主宰者は有名人ではない場合が多く、オフ会が主体になっているという特徴がある。

プロジェクト型は、研究会型といってもいいかもしれない。どちらかというと参加者の熱量が重要で、カヤックが主宰している「地域資本主義サロン」などは、学ぶことに留まらず、各地域にヒントを持ち帰り実践すること、そして日本の地域の未来を共に創ることを目指す、という趣旨で開設されている。

ファンクラブ型とプロジェクト型の複合、講座・学習型とプロジェクト型の組み合わせなど、決して一つのタイプに類型化できるものばかりではない点には留意すべきだろう。
デジタルの時代に移行しても、リアルという点が希釈されただけで、骨子はあまり変わっていないのかもしれない。コミュニティを形成する場が、リアルからバーチャルに置換されたといってもよい。場所は普遍だ。そして人々は、その場所を介してコミュニティを作る。それの現代的なアイコンとしてのオンラインサロンと考えるべきだろう。

YouTuberやLiverの登場

「YouTube」でもオフ会を実施しているものもあるし、「YouTuber」には数多くのファンがついている。今や日本でも、１００万回再生というYouTubeのプログラムもあるし、これもまた新たなコミュニティ形成につながっている。オンラインサロンでも、お笑い芸人の中田《なかた》敦彦《あつひこ》のようにYouTubeを活用し、その収録の見学を会員の特典にするケースもあり、またサロン的な場所のバーチャル化という面もあるだろう。

子どもが将来なりたい職業のベスト10にYouTuberが登場するという現実がある以上、その影響力はもはや一部ではマスメディアをも凌《しの》いでいるかもしれない。これは映像的な領域でマスメディアの効力が弱まったということでもあり、一般の人々でも映像メディアたりうるという一つの証明だろう。

ジャック・アタリが著書『ノイズ 音楽／貨幣／雑音』で、誰でも楽曲を作る時代の到来を予見していたが、それが映像まで拡張したのである。この書籍は原著が1977年、邦訳が1985年のことなので、驚くほど先見性に満ちたものだったが、YouTubeはその先をいった。

2005年にカリフォルニア州サンマテオで誕生したこの動画共有サイトは、グーグルの傘下に入ることで勢力を伸ばし、現在では60カ国以上の言語対応を行っている世界最大級のプラットフォームになっている。

そんなYouTube本社のオープンカフェで、2018年に銃乱射事件が起こった。これはYouTube側とYouTuberとの間で起こったトラブルから生じた事件だった。容疑者のYouTubeチャンネルには5000人以上のフォロワーがおり、1000万回以上再生されていたにもかかわらず、動画が削除されたことに不満を持ったと伝えられている。YouTube側のポリシーや利用規定に抵触したためだと見られているが、今後も同様の事件が発生しないとは限らない。

これは、ファンクラブやオンラインサロンでも、同様な事件を引き起こす恐れがあるということでもある。YouTubeにおける動画の審査は、YouTube側に権限がある。コマーシャルを載せるのも、YouTube側の判断になる。

オンラインサロンで考えると、手数料や審査に起因する、オンラインサロンを管理する企業とのトラブルということになるだろうが、主宰者と会員の間でのコンフリクトも当然生じる可能性もあるに違いない。リアルなコミュニケーションにおいてもトラブルは発生するのだから、ウェブ上でもその危険性は決して低くはないだろう。クローズドな仕組みで運営されている場合でも、危険性がゼロになるわけではない。

最近では、YouTuberと同文脈でLiverが注目されている。リアルタイムでコンテンツを中継する人をそう総称し、１９９０年代後半から２０００年代に生まれたZ世代を中心に一般化しつつある。YouTuberが録画を再生するのに対して、Liverはあくまでライブで自己表現を行う。

彼らは「SHOWROOM」「17 Live」「LINE LIVE」「Pococha」など、ライブ中継をするサービスを活用し、リアルタイムで動画を中継する。配信内容は人によって違い、ダンス、歌、トークなど様々で、感覚的には路上パフォーマンスに近いかもしれない。YouTubeは好きなときに視聴できるが、ライブ中継は決まった時間に視聴しなければならないため、

YouTubeの視聴者より熱量が高いといえる。

収益システムもYouTubeとは違い、路上ライブで行われている投げ銭に近いギフトという機能があり、ＰＶの数によって支払われる金額に、このギフトが加算される。YouTuberでもときにライブを実施する人が増えており、これも新たな展開だ。

１９９０年代にクローズド・サーキットから始まった、ライブビューイングの発展形と捉えることもできる。ライブとはリアルな場で感動を共有するものであったところから、バーチャルの場所でもリアル感を加味したものが出てきている。

じかに触れ合えるファンミーティングの魅力

リアルといえば、ファンミーティングは、オフ会の一つのバリエーションと捉えることができる。この形態は、Ｋ-ＰＯＰのアーティストが普及させたといっても過言ではない。ファンとアーティストとの間でコミュニケーションを図る場であり、アーティストが主宰するものは、イベント参加費を取ることが一般的だ。

通常のライブやトークショーに比べて、少人数で開催されることが多く、お茶会に近い形だ。ファンにとっては、アーティストのプライベートに近い素《す》の姿に接することができる点が魅力で、一種のプレミア感がある。

アーティスト側からすると、ファンサービスの一環であり、日本で従来あったファンの集いに近いものだろう。アーティストへの質問コーナー、ミニライブ、ゲームなどで、ファンにとって充実した時間を提供する。

K-POPのファンミーティングは、基本的にファンクラブの会員が優先して参加する。身分を明らかにできるものを持参し、ペンライト、アーティストグッズなどを持ち込むとも可能だ。演出として、ファンが会場を離れるときに握手会が用意されることが多く、ファンにとって余韻の残る工夫がなされている。参加チケットを入手できなかったファンのために、ライブビューイングという形でファンミーティングに参加できるように配慮されている場合も多い。

BTSが大規模会場（横浜アリーナ、大阪城ホールなど）で、日本オフィシャルファンミーティングを実施したり、TWICEもソウルで結成記念のファンミーティングを開催したりするくらいに、K-POPとファンミーティングはセットになっているように見える。

日本でK-POPアーティストが一大勢力を保っている背景には、ファンミーティングの存在が欠かせないだろう。アーティストとのコミュニケーションイベントの実施によって、つながりをファンクラブより強固なものにしたという点に、ファンミーティングの効用がある。

ただ、こうした新たなファンコミュニティでも、すべてのファンが平等というわけではない。ファンの中にも自ずからヒエラルヒーが生じてくる場合もあるだろうし、アイドル・グループなどでは個々のメンバーごとにサブコミュニティができることも多い。この問題は実社会の組織運営と同様だ。会員個々に個性や主義主張があることで、このような現象が生じる。そこにパワーバランスの不均衡が生まれると、個人やサブコミュニティ間でのトラブルも起きやすくなる。

このような組織運営の課題は、ウェブに移行したとしても大きくは変わらない。リアルに存在するコミュニティやつながりの場と同様に、組織運営の苦労がともなうことになる。それは同じ嗜好を持った同好の士の集いだとしても、払拭されることのないものだ。

急速なデジタル技術の開発や普及が、さらに市民生活の変化を余儀なくしていくことはもはや自明のことである。しかし、そのような変化の中でも、人々が依然として交流や安息の場を探していることには、さほどの変化はないように思う。

サードプレイスの議論が始まってからずいぶんと時間も経過しながら、依然として注目されている背景には、こうした普遍性があるに違いない。

あとがき

現代のコミュニティに「場」は必要ないのか

本書では、人々が集う場について語ってきた。「トキワ荘」や「大泉サロン」は、クリエイターたちの集まる場が自然に形成されたという点で、戦前の文士村と似ている。ただし、文士村と違い、名のある人たちが集まったというより、予備軍的な若手が集まる場所であった。その場に集まった人々は、その後の日本漫画の本流を形成し、コミックマーケットにも影響を与えた。おそらくインターネット、スマホの普及以前には、このようなリアルな場が必要だったのだ。

この点、先に取り上げたサードプレイスの議論と相容《あいい》れない部分があるとすれば、それは目的のあるなし、もしくは目的の明確化がなされているか否《いな》かだ。

サードプレイスとは、あくまで「心地よい」場所であり、クリエイティビティに特化したわけではないカフェや喫茶店が、場所のイメージとして近い。日本ではクローズドな空間の場合が多いが、欧米ではオープンカフェが、サードプレイスとして機能している。

オープンカフェは店舗スペースのある部分を屋外形式にし、開放的な雰囲気の中でコーヒーや食事が楽しめるものである。たいていの場合、歩道に面した部分にテーブルと椅子を設置している。欧米ではテラスといわれるこの屋外部分を利用するのに、場所代が加算されることもある。日本でもこのようなオープンカフェは増えている傾向にあるが、確かに「心地よい」場所である。1人でも楽しめるし、気の置けない友人や恋人との時間を過ごすには格別だ。

一方で、昨今のサードプレイスの議論には、目的を持たせたコワーキング的な考えが増えている。もちろん議論は深化すべきなのでよいのだが、本質からずれてしまいがちになっているようにも感じる。サードプレイスとコワーキングスペースが混在して語られている底流には、紛れもなく「クリエイティビティはどういう場で生まれるのか」という議論が存在している。

リアルな「場」が肝心だとすれば、ウェブ上のコミュニティでは、サロン的な機能は持ちえないと言ってしまいそうになる。しかし、筆者もご多分に漏れず、原稿はＰＣで書いているし、日常の連絡はインターネットを介して行っている。定期的に執筆している記事はウェブマガジンに寄稿している。すっかりアナログからデジタルの世界へと転換を余儀なくされてきた。それは、人と人のつながりをも変化させてきた。直接に会わなくても、コミュニケーションが取れる時代だ。

便利になったといえばそれまでだが、相手に対する表現形態や距離感が、以前とは違ってきたように感じる。時間的な感覚も変化したように思う。距離間でいえば、以前に比べて相手と頻繁には会わなくなってきている。もしくは頻繁に会う相手が、特定の人だけになってきている。

もっとも、筆者はもともとプライベートな付き合いをする人の数が少ないほうで、デジタル化は自分にとって、プラスに働いているとも感じる。リアルな相手との付き合いが苦手であったので、そのところはずいぶんと楽になった。

時間的な感覚でいえば、チャットではリアルな時間を共有しなければならないが、メールやメッセンジャーなどの場合、時間的なラグが生じてもそれほど問題はない。火急の場合を除いて、1日くらい対応が遅れても大きなトラブルになることはない。

その手のコミュニケーションツールを、1日に何度も確認することを余儀なくされてはいるが、すぐに返事するためではなく、急対応なのか、遅れても構わないものなのかを選別しているのである。逆に、日を置いてから返事をしたほうがいい場合もある。

いつの間にか生活の中心に、デジタルが存在している。まったくもって、いつの間にかという感想がふさわしいと思う。筆者が所属していた企業から、PCを貸与されたのは1980年代半ばだった。それからたった25年ほどで、情報通信環境が一変してしまった。

そうなると、場の議論においても、この部分をもはや外すわけにはいかないだろう。クリエイティブの世界においても同様だ。今はかなりの職業で、テレワークでも十分に作業が可能になってきている。

こうした流れからは、ウェブ上に数限りない「場」が成立しているという見方もできる。しかし、それによってリアルな場が消えるということはない。フェイス・トゥ・フェイスのコミュニケーションが、日常から消滅するわけではない。ウェブが代替できないものの中には、そのようなリアルなコミュニケーションへの欲求があるに違いない。

また、クリエイティブを目的にするコミュニティの本質は不変だろう。コミュニケーションの方法がどんなに変わっても、コミュニティは存在し続ける。それが新たなコンテンツの基盤形成や発展につながっていく。３ＤアニメやＣＧ、そしてデジタルアートなども、その範疇《はんちゅう》にあるものだ。今後はさらなるイノベーションが、新規性に富んだコンテンツの新ジャンルや潮流を育んでいくことと思われる。

それらのコミュニティは、サロンと呼べなくもない。中世ヨーロッパや、江戸時代の日本に起こった文化サロン的な諸現象の歴史的な発展形である。社会には、目的や志を同じにする者のコミュニティが必要である。複数の人々の知恵や経験が、糸のようにより合わさり、目的達成のための活動が営まれることになる。この営みは文化基盤の最小単位として、文化の形成に寄与し続けていくだろう。

謝辞

筆者は絶えず地域の文化基盤形成には強い関心を持っており、おそらくその根幹には、20代から30代の終わりまで札幌で働いていた時代の経験が、大きく影響していると思っている。絶えず視線の彼方に東京があった時代だ。

それから東京の企業に転職してからは、東京のダイナミズムやポテンシャルを十分すぎるほどに理解したつもりだ。やはり都市としてもパワーが違う。ゆえに本書でたどってきた現象が生まれ、それが形を都度、変えながら継承されてきているのである。

協創や創発という意味で、コミュニケーションの本質は変わらないだろう。オンラインサロンを含め、形態だけはさらに多様化していくこととは予想されるが、誰かとともに何かを創造し、創り上げていくという理念は不変に思われる。

それがこれまでのイノベーションの原動力になってきたことは、歴史が証明している。もちろんクリエイティブな作業は1人でもできるが、それを高めようとする際には他人の意見、評価が必要になってくる。

果たして読者の皆様の期待に適うものになったか、甚《はなは》だ自信はないが、コンテンツを生業にして約30年、様々な形で仕事をしてきた筆者にとって、コンテンツを抜きにして自分の人生は語れない。コンテンツこそクリエイティブの所産である。そして、コミュニケーションの場の形成は、突き詰めていくと文化基盤形成ともいえる。

今後の筆者の研究に、方向性を与えてくれた執筆の日々でもあったかと思う。おそらく今後も様々なアプローチから研究生活を続けていくことになるだろうが、関心の対象は多々あれど、根底には地域の文化基盤形成のプロセスやメカニズムへの興味が存在する。

本書の完成には、取材に対応していただいた方をはじめ、様々な方々のご協力を抜きには語れない。個々のお名前はページの都合で割愛させていただくが、改めて感謝する次第である。またイースト・プレスの編集担当の木下衛さんにもずいぶんとお世話になった。遅々として進まない原稿を忍耐強く待っていただき、こちらについても感謝に堪えない。

そして、筆者と日常的なコミュニケーションを取ってくれる学生や友人にも感謝している。彼らは身近な距離で、絶えず筆者の著作を待っていてくれる存在だ。

今後の研究の方向は、地域の文化基盤形成のプロセスに向かう気がしている。ただですら進んでいる地方の疲弊は、新型コロナウイルス禍によっていっそう深刻になっていくに違いない。それを防ぐためにも、文化基盤形成のプロセスに希望のかけらを見出せないかと考えている。

２０２０年は新型コロナウィルスの影響で、例年の春と様相を異にしてはいるが、また機会があれば、こんな状況の下でも次の構想をじっくりと練ってみたいと考えている。

２０２０年４月吉日　桜台にて

増淵敏之

［主な参考文献］

まえがき

揖斐高（2009）『江戸の文人サロン――知識人と芸術家たち』吉川弘文館
宇佐美承（1995）『池袋モンパルナス――大正デモクラシーの画家たち』集英社文庫
小林章夫（2010）『コーヒーハウス――18世紀ロンドン、都市の生活史』講談社学術文庫
近藤富枝（1983）『本郷菊富士ホテル』中公文庫
近藤富枝（2003）『田端文士村』中公文庫
近藤富枝（1984）『馬込文学地図』中公文庫
椿真智子（2011）「近代東京の文士村に見る都市空間の変容と表象景観」『平成21年度福武学術文化振興財団・地理学研究助成成果報告書』福武学術文化振興財団
中村真一郎（2000）『木村蒹葭堂のサロン』新潮社
ハイデン・リンシュ、ヴェレーナ・フォン・デア／訳：石丸昭二（1998）『ヨーロッパのサロン――消滅した女性文化の頂点』法政大学出版局
ミルズ、ライト／監訳：青井和夫・本間康平（1971）『権力・政治・民衆』みすず書房

第一章

赤田祐一／ばるぼら（2014）『20世紀エディトリアル・オデッセイ――時代を創った雑誌たち』誠文堂新光社
吾妻ひでお（2009）『地を這う魚 ひでおの青春日記』角川書店
亜庭じゅん（2011）「亜庭じゅん大全」『漫画新批評大系（Vol.16）』迷宮
石ノ森章太郎（2018）『章説 トキワ荘の青春』中公文庫
伊奈正人（1999）『サブカルチャーの社会学』世界思想社
大下英治（2016）『はみだすチカラ！ 日大芸術学部』徳間書店
小田和正（2005）『風のようにうたが流れていた――小田和正 私的音楽史』宝島社

太田出版編集部（2011）『Otome Continue（Vol.6）』太田出版
梶井純（2020）『トキワ荘の時代』ちくま文庫
川上源一（1981）『子どもに学ぶ 親と教師のために』ヤマハ音楽振興会
川上源一（1986）『新・音楽普及の思想』ヤマハ音楽振興会
河出書房新社編集部（2010）『文藝別冊「萩尾望都」——少女マンガ界の偉大なる母』KAWADE夢ムック
島本和彦（2008-）『アオイホノオ（1-）』小学館
霜月たかなか（2008）『コミックマーケット創世記』朝日新書
竹宮惠子（2016）『少年の名はジルベール』小学館
富澤一誠（1982）『あいつのモンタージュ——オフコース・五十嵐浩晃・岸田智史・アリスの素顔』旺文社文庫
中川右介（2020）『萩尾望都と竹宮惠子——大泉サロンの少女マンガ革命』幻冬舎新書
中島らも（1997）『僕に踏まれた町と僕が踏まれた町』集英社文庫
永島慎二（1984）『阿佐谷界隈怪人ぐらいだあ』旺文社文庫
難波功士（2012）『人はなぜ〈上京〉するのか』日経プレミアムシリーズ
二宮敦人（2017）『最後の秘境 東京藝大——天才たちのカオスな日常』新潮文庫
ばるぼら／野中モモ（2017）『日本のZINEについて知ってることすべて——同人誌、ミニコミ、リトルプレス 自主制作出版史 1960〜2010年代』誠文堂新光社
姫野カオルコ（2011）『ああ、懐かしの少女漫画』講談社
藤子不二雄Ⓐ（1996）『まんが道（1-14）』中公文庫
藤子不二雄Ⓐ（2016）『トキワ荘青春日記』復刊ドットコム
毎日新聞社「奇跡の1970〜80年代、僕らには『ポプコン』があった！」『サンデー毎日（2016年3月6日号）』毎日新聞社
真崎守／原作：斎藤次郎（1993）『共犯幻想（上・下）』ぱる出版
増淵敏之（2010）『欲望の音楽——「趣味」の産業化システム』法政大学出版局
丸山昭（1999）『トキワ荘実録——手塚治虫と漫画家たちの青春』小学館文庫
向井康介（2019）『大阪芸大——破壊者は西からやってくる』東京書籍

武藤起一編著（1996）『シネマでヒーロー監督編――武藤起一インタヴュー集』筑摩書房
村上知彦（1979）『黄昏通信――トワイライト・タイムス 同時代まんがのために』ブロンズ社
ヤマダトモコ（1998）「漫画用語〈24年組〉は誰を指すのか」『月刊コミックボックス（Vol.108）』ふゅーじょんぷろだくと
大和和紀（2016）『新装版 はいからさんが通る（1）』講談社
ヤマハ音楽振興会（2010）『ポプコンクロニクル』ヤマハミュージックメディア

第二章

浅井愼平（1997）『セントラルアパート物語』集英社
磯村英一（1959）『都市社会学研究』有斐閣
井伏鱒二（1987）『荻窪風土記』新潮文庫
今橋映子（1993）『異都憧憬 日本人のパリ』柏書房
江口寿史（1990）『エイジ』集英社
奥原哲志（2002）『琥珀色の記憶――時代を彩った喫茶店』河出書房新社
加賀まりこ（2008）『純情ババァになりました』講談社文庫
鹿島茂（2009）『モンマルトル風俗事典』白水社
川勝正幸／監修：藤原ヒロシ（2009）『丘の上のパンク――時代をエディットする男、藤原ヒロシ半世紀』小学館
君塚太（2004）『原宿セントラルアパートを歩く――1962-86 あの場所にいたクリエーターを訪ねて』河出書房新社
葛井欣士郎／平澤剛（2008）『遺言――アートシアター新宿文化』河出書房新社
隈研吾／清野由美（2011）『新・ムラ論TOKYO』集英社新書
椎名誠（1979）『さらば国分寺書店のオババ』情報センター出版局
地引雄一（2008）『ストリート・キングダム――東京ロッカーズと80'sインディーズ・シーン』K&Bパブリッシャーズ
島崎今日子（2015）『安井かずみがいた時代』集英社文庫
主婦と生活社編集部（2018）『あのころangle 街と地図の大特集1979――新宿・池袋・吉祥寺・中央線沿線編』主婦と生活社
高橋靖子（2012）『表参道のヤッコさん』河出文庫

立川直樹（2009）『TOKYO 1969』日本経済新聞出版社
別冊ダ・ヴィンチ編集部（2004）『中央線──カルチャー魔境の歩き方』メディアファクトリー
田渕由美子（1996）『田渕由美子 作品集★1 フランス窓便り』集英社
津野海太郎（2008）『おかしな時代──「ワンダーランド」と黒テントへの日々』本の雑誌社
中村のん編著（2019）『70s原宿原風景 エッセイ集 思い出のあの店、あの場所』DU BOOKS
野地秩嘉（1997）『キャンティ物語』幻冬社文庫
延江浩（2017）『愛国とノーサイド──松任谷家と頭山家』講談社
花村萬月（2002）『幸荘物語』角川文庫
林静一（1997）『僕の食物語1945－1997』フレーベル館
林哲夫（2002）『喫茶店の時代──あのときこんな店があった』編集工房ノア
ビートたけし（1999）『真説「たけし！」──オレの毒ガス半生記』講談社＋α文庫
文藝春秋編集部「嗚呼『同級生』たかが同い年 されど同い年──'65年 尾崎豊／吉川晃司と『飲み明かした日々』」『文藝春秋（2012年2月号）』文藝春秋
前田一（1928）『サラリマン物語』東洋経済出版部
増淵敏之（2012）『路地裏が文化を生む！──細街路とその界隈の変容』青弓社
松任谷由実（1984）『ルージュの伝言』角川書店
村上春樹／安西水丸（1987）『村上朝日堂』新潮文庫
村上春樹（2001）『スメルジャコフ対織田信長家臣団』朝日新聞社
森永博志・門野久志監修（2004）『レッドシューズの逆襲』主婦と生活社
吉見俊哉（1987）『都市のドラマトゥルギー──東京・盛り場の社会史』弘文堂
吉見俊哉（2007）『親米と反米──戦後日本の政治的無意識』岩波新書
ロフトプロジェクト『ROOF TOP（2008年2月号）』
渡辺英綱（2003）『新編 新宿ゴールデン街』ふゅーじょんぷろだくと
シェベラ、ユルゲン／訳：和泉雅人・矢野久（2000）『ベルリンのカフェ──黄金の1920年代』大修館書店

ニーガス、キース／訳：安田昌弘（２００４）『ポピュラー音楽理論入門』水声社

第三章

出井伸之（２００６）『迷いと決断――ソニーと格闘した10年の記録』新潮新書
椎出版編集部（２０１７－１８）『シェアリングスタイル（Vol.1・Vol.2）』椎出版
九鬼周造（２００７）『偶然と驚きの哲学――九鬼哲学入門文選』書肆心水
楠木健（２０１０）『ストーリーとしての競争戦略――優れた戦略の条件』東洋経済新報社
佐藤郁哉（１９９９）『現代演劇のフィールドワーク――芸術生産の文化社会学』東京大学出版会
国分裕正（２０１９）『人が集まる場所をつくる――サードプレイスと街の再生』白夜書房
佐藤尚之（２０１８）『ファンベース――支持され、愛され、長く売れ続けるために』ちくま新書
田所承己（２０１７）『場所でつながる／場所とつながる――移動する時代のクリエイティブなまちづくり』弘文堂
西野亮廣（２０１９）『新・魔法のコンパス』角川文庫
橋本沙也加（２０１６）『コワーキングスペース／シェアオフィス空間による協創型ワークプレイスの出現――都市マーケティングとマネジメントの観点から』大阪公立大学共同出版会
アタリ、ジャック／訳：金塚貞文（２０１２）『ノイズ――音楽／貨幣／雑音』みすず書房
オルデンバーグ、レイ／訳：忠平美幸（２０１３）『サードプレイス――コミュニティの核になる「とびきり居心地よい場所」』みすず書房
フロリダ、リチャード／訳：井口典夫（２００７）『クリエイティブ・クラスの世紀』ダイヤモンド社
フロリダ、リチャード／訳：井口典夫（２００９）『クリエイティブ都市論――創造性は居心地のよい場所を求める』ダイヤモンド社
レルフ、エドワード／訳：高野岳彦・石山美也子・阿部隆（１９９９）『場所の現象学――没場所性を越えて』ちくま学芸文庫

［主な参考サイト］

大阪芸術大学ＨＰ　〈https://www.osaka-geidai.ac.jp/〉
大人のミュージックカレンダー　〈http://music-calendar.jp/2015082601〉

蔵前仁一ブログ「旅行人編集長のーと」〈https://kuramae-jinichi.hatenablog.com/〉
CREATIVE PLATFORM OITA 〈http://creativeoita.jp/interview/people/hattori/〉
コーヒーハウス「ぽえむ」ＨＰ 〈https://www.nikkahan.co.jp/2016/10/704〉
杉真理オフィシャルＨＰ 〈http://www.masamichi-sugi.net/〉
夏目房之介の「で？」〈https://blogs.itmedia.co.jp/natsume/2012/05/73-b5e0.html〉
日本大学藝術学部ＨＰ 〈http://www.art.nihon-u.ac.jp/〉
ほぼ日刊イトイ新聞 〈https://www.1101.com/kyon2_harajuku/2011-03-08.html〉
真崎守図書館 〈https://www .masaki-mori.jp/〉
松岡正剛の千夜千冊 〈https://1000ya.isis.ne.jp/1659.html〉
マンガ・アニメ３・０ 〈https://mapdate.net/post-0006/2/〉

伝説《でんせつ》の「サロン」はいかにして生《う》まれたのか
——コミュニティという「文化装置《ぶんかそうち》」

2020年6月29日　初版第1刷発行

著　者　増淵《ますぶち》 敏之《としゆき》
装丁・造本　長澤 均［papier collé］
校　正　内田 翔
DTP　小林寛子
編　集　木下 衛
発行人　北畠夏影
発行所　株式会社イースト・プレス
〒101-0051　東京都千代田区神田神保町2-4-7 久月神田ビル
Tel.03-5213-4700
Fax.03-5213-4701
https://www.eastpress.co.jp

印刷所　中央精版印刷株式会社

ISBN 978-4-7816-1892-0